幸福爱 LOVE IS

从新手到高手的爱情修习课

杨冰阳 / 著 AYAWAWA WORKS

C1S 湖南文艺出版社 HUNAN LITERATURE AND ART PUBLISHING HOUSE 博集天卷 CS-BOOKY

幸 福 爱

从 新 手 到 高 手 的 爱 情 修 习 课

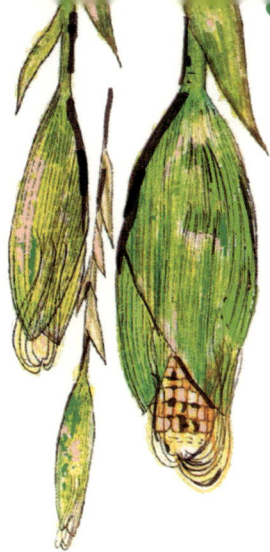

懂得爱，和谁相爱都幸福

2009年编订这本书的时候，我给它起名叫《恋爱厚黑学》。

顾名思义，我是想借这本书尽可能多地教会女孩子们爱情中的心术和奥秘，让她们能够在情路上一帆风顺，平稳安妥。

转眼几年时间过去，再回头翻阅自己当年的文字，就像是走近了一面明亮的镜子，让我得以惊奇地亲见自己身上天翻地覆的改变。

这种改变既是时间的沉淀，也是境遇的变迁。

彼时我年轻无畏、快人快语，行文直抒胸臆；而现在，我更倾向于以字为药，为人疗情伤、治妄念。

彼时我新婚甜蜜，二人世界，生活自在快活；而现在，我和先生已经为人父母，孕育出一双宝贝儿女。

当然，和这些文风笔性、外在境遇的细微变化相比，改变更为深刻的，是我的心态。

比如，当年我曾在本书初版的序中赫然写道，"这个世界从来没有男女平等这回事""我自己就并不想作为一个女人生活在现今社会"等等，现今看来，不禁让自己哑然失笑。

这真的是我曾经的想法吗？那如今这个沉浸在女性身份中，幸福满足得不可自拔的自己，又是怎么一回事呢？

其实，如果倒退数午的话，我也和大多数女人一样，在成熟的道路上彷徨，在情感的世界里一面困惑一面探索……

我也曾同样地诉苦，抱怨过——

做女人好难，如果我是个男人就好了……

重男轻女真是太不公平了！

为什么只有女人的事业有天花板？

为什么只有女人要十月怀胎辛苦生育？

……

为什么？

这些质问看似底气十足、满是道理，让人觉得愤愤不平；但是如果换个看问题的角度和思考的方向，结果会如何呢？

——做女人的确好难，但是只要想嫁，女人永远嫁得掉；男人想娶就一定娶得到吗？当然不是。

——父母重男轻女不公平？这是站在女儿的角度来看的，站在媳妇的角度就不

一样了。假设你未来婆家有个小姑子，却只买得起一套房子，那么你希望这套房子给谁呢？

——女人的事业有天花板，但是女人进可攻退可守，辞职不干回家还有老公养；男人可以辞职回家找老婆，让老婆养自己吗？

——女人需要十月怀胎，但是她想生就能生，还能保证孩子的亲生性；男人为了繁衍后代竭力求偶，最后还必须承受对后嗣血统本能的疑虑和不安。

这样想来，你觉得男女公平吗？确实是太不公平了——做女人实在是太幸运太幸福的一件事了！

我必须要说：如果有来生，我还想做女人。

那些被我们忽略已久的女性先天性别优势，一旦你能够发现并认清，你就能发自内心地接纳、热爱自己的性别，并且为自己的女性身份感到愉悦和满足。

同时，如果你能尊重两性差异，展示出自己独特的女性魅力，你就能享受到女性身份带给你的源源不断的好处。

当然，成为最好的自己，只是拥有理想爱情的第一步，接下来你要做的，是选择正确的爱人。

如何才能收获正确的爱人，很多人说要看缘分，很多人说要顺其自然。

其实，爱情就像身材一样，是具有可控性的，只是控制的方式太复杂，过程太艰苦，所以很多人喜欢说顺其自然罢了。

告诉你可以顺其自然的有两种人：一种是天资很好，她们不必努力就能拥有爱情或好身材；还有一种是已经自暴自弃，亦不希望别人拥有美好。

但正常来说，方式正确的付出和回报是成正比的；你只有努力付出，才能换来你期望中的回报。

付出的正确方法究竟是什么呢？择偶的重要标准又有哪些？关于这些问题，我在这本书里都做了详细的阐述。

同时令我欣慰的是，即使今日再去回顾当时书中所写的理论、观点和方法，它们都仍然是正确的（虽然也许不尽完美），它们历久弥新，都经受住了时间的敲打和实践的检验。

比如：不主动的男人就是不够爱你，女人的黄金择偶期禁不起挥霍，女人不能主动追求男人，黄金钻石单身汉身上一定有你不知道的硬伤，男人需要被崇拜，不要高攀比你优秀太多的男人，等等。

这些道理我六年前就已经总结成书，然后又不断地完善、细化、解释、科普，以便让更多的女孩受益。

很多人都以为，一定要在爱情里摸爬滚打、遍体鳞伤，才能学会爱。

殊不知恋爱和手艺一样，都是应该在年轻时就潜心学习的技能；情感的理论和方法，也和人类其他的技能一样，需要通过不断地观察、学习、研究和摸索，才能融会贯通形成自己的体系并合理运用。

谁说一定要先跌倒才能跑得快？谁说一定要先溺水才能学会游泳？谁说一定要先头破血流才能学会自卫？谁说一定要先把青春喂狗才能遇见良人？

严格来说，这本书的内容、理论和方法，其实已经大大地超出了写作时我的年龄和阅历。但是我们都知道，生命和知识的"深度"，并不是完全由"长度"决定的。

对我而言，书是我的精神食粮，阅读是我最重要、最快捷的学习方法；通过广泛、深入、大量的阅读，我不断地修炼自己的情商和爱商，提炼出对大家最有帮助的核心理论和重点方法。

在亲身受益于阅读的伟大作用后，我更加清楚一本正确、有效的情感指导书，对于成长中的即将体味爱情的女孩的重要作用。

现在市面上有很多关于两性情感的书籍，但其中的很多理论和说法往往会让人看了摸不着头脑，辨不清含义，更别提实际应用了。比如我们可能会在很多情感书籍中看到这样的说法："男人希望自己被女人需要，女人希望自己被男人保护；男人渴望双赢，女人渴望自己为男人做出牺牲；男人爱撒谎，女人爱哭泣；男人爱独处，女人爱唠叨；男人因性而爱，女人因爱而性；男人害怕被女人束缚，女人总想束缚男人；男人在洞穴里，女人在深井里……"

像这些繁复冗长、晦涩难记、看得懂却理解不了的东西，我想说：从现在开始忘掉它们吧，咱们大脑不是用来记这么多没用的劳什子的，就算勉强记住了咱们也理解不了，就算理解了咱们也运用不了。死记硬背公式是没有任何意义的，咱们要的是理解记忆、灵活运用。

而在我的书里，我希望提供给大家的是爱情的生物本质、普遍规律、实用方法和阳光能量。

我希望你能认识到，爱情远比你想象中的复杂，却也比你惧怕的简单；爱情远比你幻想中的现实，却也比你逃避的美好。

正确地认识和理解爱，你才能收获到最适合你的感情，这也许是你作为女孩，成长中必经的、最重要的一课。

如果能够从心而语、化字成书，在这个过程中伴你一程，将是我最大的荣幸。

你要相信，爱情虽然是人类与生俱来的本能，但同时也是一种能力，是可以理智系统地来学习的。而且，学习爱、学会爱，并不会对爱的感知和愉悦造成一丝一毫的损害，想象一下你见到优秀异性时那种怦然心动的感觉吧，它不会因为你心存理智就消失。

我们虽然无法控制油然而生的好感，但我们可以用理智调整自己的爱情观，了解什么是爱，为什么我们需要爱，爱会在什么条件下产生，怎样让别人爱上自己，怎样避免深深爱上那些容易给自己带来伤害的对象，爱上哪些人可以给自己和后代带来最大的幸福。

而这些，就是我想通过这本书告诉给所有姑娘的——关于爱的奥秘。

这本书可能并不是我所有著作里，理论体系最成熟、最完善的一部，但一定是最真诚、最鲜活、最直接、最有趣的一部，它记录了我的成长、蜕变，是我人生中不可重复、不可替代、不可磨灭的印记。

借由这本书，你可以看见我的心路历程和成长轨迹，里面封印着我的青春时光，住着一个二十几岁的我，和你一样，在奋力追逐自己梦想中的爱情和生活。

很高兴二十几岁的我，可以通过这本书，与你相遇。

让我们一起时光倒流，回到原点，携手重走一遍这条成长的道路。

愿你与我一样，仍怀抱初心，满含热情，拥有勇气，渴求蜕变。

愿你与我一样，有爱人的能力和对幸福的信念。

懂得爱，跟谁相爱都幸福。

谨以此书，作为每一个女孩情感道路上必经的成长礼，献予你。

原　版　序

女性的最佳选择

一次去北戴河旅行，归途中一同行女孩内急，说要上厕所。

当时天已黑，司机听到后面的传话，就把车停到一黑墙处让对方下去。

结果众人大笑，说："是女孩要上厕所，不是男孩。"

结果大巴又开了好一会儿，终于找到厕所时女孩已憋得脸都红了……

我想说的是，这个世界从来没有男女平等这回事。（系作者早年观点）

我很讨厌那些整天鼓吹"性是公平的""对于双方都是享受""谁也不亏欠谁"这种论调的人，这些都是不怀好意的男人和缺心眼的女人才会讲的话。

男人的爱和性能够分开，因为他们是目前社会中的既得利益者，不用承担舆论的巨大压力，不用承担怀胎十月的痛苦，不用承担生育子女的重担；女人能分开吗？

且不说女性在性交中传染上疾病的可能性是男性的2～4倍，且不说女性会面临妇科病的困扰而男人永远平安无事，就是避孕套的失败率还有1%呢。

朋友曾经对其他人介绍说我是女权主义者，我非常严肃地告诉大家我不是，而且永远不会是。因为我永远不认为男女平等，所以也不会像女权主义者那样去争取所谓的平等。

争取，根本就是不平等的社会才会出现的产物。在一个不平等的社会去争取平等，那不是缘木求鱼的事情吗？

要学会怎样在一个不平等的社会争取让自己的利益最大化，这是一个有理智的人应该做的，或者说，是一个有理智的女人应该做的。

之前看过一本批判达尔文的书，里面提到"适者生存"的同义反复定义：什么是"适者"，就是最适合生存的那一部分，而那部分既然是最适合生存的，那这套理论岂不成了废话？

以我的理解，达尔文的意思是：适者应该是最能调节自己顺应大溜的那部分。

譬如说，我自己就并不想作为一个女人生活在现今社会（系作者早年观点），但这无法选择，于是我会选择顺应这个男权社会的运作法则，努力赢得每个人的尊重，但不勉强。

什么叫勉强呢？我之前做过一期节目，两个女嘉宾都长得很不错，事业也很成功，其中一位认为，男女在工作上是没有性别之分的，女人也该像男人那么卖力，完全中性化；另外一位却认为，男女本来就有区别，所以在工作分配上更应该顺应规律。

不避讳地说，前者就是勉强。

但这无法选择，于是我会选择顺应这个男权社会的运作法则，努力赢得每个人的尊重，但不勉强。

什么叫勉强呢？我之前做过一期节目，两个女嘉宾都长得很不错，事业也很成功，其中一位认为，男女在工作上是没有性别之分的，女人也该像男人那么卖力，完全中性化；另外一位却认为，男女本来就有区别，所以在工作分配上更应该顺应规律。

不避讳地说，前者就是勉强。

并非事业成功的女性都是"女强人"，这三个字多还是说一些虽则成功，姿态却不甚好看，甚至是为了成功放弃了许多幸福基础的女性。就职场而言，并非没有姿态优雅、爱情美满、生活滋润的成功女性。

如何做到呢？话说回去，顺应这个世界的规律是基础，及早发现、一路挖掘和发挥自己的最大价值，则是必胜法门。

就像张爱玲所说，用美丽容颜取悦人和用美丽思想取悦人，是并无太多分别的。所以，如果你年轻，这就是第一资本，如果你还有一张漂亮脸蛋的话，则更应该好好地使用（注意，并不是利用）它。

与其把心思都用在自己的长相上，不如多用一点在异性身上，一个是治标，一个是治本。孰优孰劣，一目了然。

当今时代，"铁姑娘""半边天"早已过时，而"女强人"根本就是别人口中晒笑的消遣词。

丢开那些男女不分的成功学概论吧，这个社会对于男女间的价值取向原本不同，作为一个女性，实在不该不分青红皂白地把自己放到一个由男性主导的社会中去争逐，而应该利用自身优势去做一名社会的"适者"。

所以，作为年轻漂亮的女性，最好的做法就是放平心态。

当遇到那些各方面条件可能不如自己的却比自己赚得更多、生活得更好的女人时，比起满心不甘地叹气，当然是把更多的时间和精力放到自身的修养上更划算。

人在年轻的时候，培养自己的魅力、累积自己的价值，提升未来获得成功和幸福的可能性，这才是最重要的事。

最近有句话很流行——20岁的女人是奢侈品，25岁的女人是打折品，30岁的女人是半价处理品。

且不说对于这句话我们有多少认同、多少不屑，但这就是这个社会对于女人价值的评估标准。

我不会说这一套价值理论可笑，我会说，如果一个女性能在25岁之前看清自己的方向、准确定位自己的人生，且开始使用自身价值经营自己的人生的话，那么她的一生都将毫无疑问地保持在奢侈品的状态之中。

我曾亲眼见过很多优秀的女性折损在坏男人身上，从此消沉蹉跎；我也曾见过很多原本资质平平的女性，在最关键的时候抓住了最好的伴侣，成为幸福快乐的小女人，整个人焕发出不一样的光彩。

　　后者并不见得性情含蓄、百依百顺，她们甚至比很多美女来得刁蛮，说一不二。

　　你难道不羡慕这样的女人吗？为什么她们可以如此轻而易举地做一个幸福的女孩呢？

　　有一句话叫作"真理不是说出来的，而是做出来的"，刚好可以作为问题的答案。这些获得幸福的女孩不是因为运气好，也不是因为长得国色天香，更与家庭背景无关，而是因为她们知道如何抓住幸福。

　　只有心中有方向的人，才能最终到达目标。

　　这些在爱情中顺风顺水的女孩子，知道自己幸福的方向，并在这条路上稳步前行。

　　漫画狗史努比曾经说过："那个时候我们还太年轻，还不懂爱情。"

　　在我们年轻的时候，总以为爱一个人是件简单的事，被一个人爱也是件容易的事，以为爱情就像牵手一样简单而又单纯，你爱我，我也爱着你。然而成熟后却发现，爱情并不是那么简单的事，甚至不是两个人的事，不是你情我愿的事，不是男才女貌的事……在恋爱这场游戏中，我们要面对更多的挑战以及人性的无奈。

　　所以，如果想有一个好的爱情，就从二十几岁开始吧，二十几岁是女人一生择偶的黄金时期，而到了三四十岁，无论是生理还是心理，都渐渐不再活力四射，在爱情的选择上已经没有了优势。在错误的时间遇见谁都是错的。

　　恋爱不是做加法，而是做乘法，一个女性的最佳选择，就是有一种好的生活和一个好男人，那样才能把幸福最大利益化。

希望我写的这本书，让每个好女孩都能分得清什么样的爱情才是完美的，什么样的男人才是值得托付终身的。

我想，这本书一定可以为你提供帮助。

那么就从恋爱这件事开始吧。

幸 福 爱

从 新 手 到 高 手 的 爱 情 修 习 课

目 录
CONTENTS

PART ONE 等爱来?
女人最贵的是青春!

PART TWO 男人是女人的 情商培训基地

PART THREE 利用性别优势建立吸引， 成为他最爱的那个人

目 录
CONTENTS　　　　003

PART FOUR 完美伴侣都是训练出来的

幸 福 爱

从 新 手 到 高 手 的 爱 情 修 习 课

幸 福 爱

从 新 手 到 高 手 的 爱 情 修 习 课

等爱来?
女人最贵的是青春!

女人的黄金择偶期是20~30岁，

男人的黄金择偶期是20~40岁。

相比之下，女性的时间比同龄的男性更宝贵。

所以不要和不值得的男人纠缠，

和他多纠缠一分钟，就多浪费你几倍的生命。

是谁，误了你的青春

...

有个道理一直是我所笃信的，一定要和所有女孩子分享一下：女方在恋爱时，付出的总是比男方多得多。

女孩子的青春是浪费不得的，更是拖不得的，对女孩子而言，机会成本比什么都重要。

不要高估自己的定力，也不要高估自己的理性，你并不清楚自己会爱上什么样的人。

我们说白了，当你感觉一个人不合适的时候，如果不把位子空出来，是不会有下一个人来坐的。

要等到那个合适的人，势必要先一步摆出空着位子的态度来，否则随着时间渐长，你会发现你越来越离不开这个你曾经嫌弃的人。

所以，多和男性接触没有问题，但是不要轻易展开一场爱恋，在遇到真正能够打动你心灵的那个人之前，享受寂寞是正确的态度，在恋爱间隙里的寂寞，是必需的。

耐得住寂寞，是很重要的一个恋爱环节。因为害怕寂寞而去接近对方，得到的爱情无异于饮鸩止渴。

在恋爱中，无法忍受被彻底冷落的寂寞，想要将就着一段并不满意的感情生活，一定会为此付出代价的。

有些男人一开始对你很殷勤，然后突然冷落你，或者一直不徐不疾对你很好，却不提要你做他的女朋友，只是一直消耗你的时间。

有些泡妞高手就很擅长用这一招儿来泡原本没有希望属于自己的优秀女孩。

他们对你，不是没有感情，只是这种感情太淡薄了，按照正常恋爱模式来权衡，按照相伴一生的标准来权衡，太不够了。

在爱情中，我也曾是个很性急的人，每天早中晚固定给他发三条短信，如果他没回，我会立刻给他打电话质问原因，后来才发现你一急，就会先输一筹。

随着年龄的增长，我学会不急了，是的，我很想他，我相信他也很想我，但他未尝想到要打电话给我，那么，我又何必自降身段。

是的，我喜欢他，但是他并没有喜欢我到愿意顾及我的心情和想法的地步，那么又何必在结婚前绑死在他身上？

习惯了一个人对你的好，习惯了他的体贴，会越来越离不开他的。如果突然失去，那种难受会如同戒毒一样，痛不欲生。

最好的办法，就是不要放纵自己养成依赖一个人的习惯。习惯的养成一般只要三天和七天，三天养成一个小习惯，七天养成一个大习惯。所以，如果不够喜欢他、不够满意他，就不要连续和他保持三天以上的密切短信往来，或者连续约会超过一个星期。

简单一点来说：多谬误一天，就少正确一天。一定要时不时地给自己一点缓冲。

不扔掉鸡肋，哪能吃到鸡翅

. . .

　　我一个很漂亮的朋友，找了个足足大她20岁的男朋友。她曾经问过我对她BF（男朋友）的意见，我实话实说："平衡各方面条件来说，这个人配不上你，你何必呢？"

　　她说："虽然我不爱他，但是他对我很好，所以我觉得这样相处下去也是不错的，谁说只有爱才能让女人得到幸福？"

　　我当时没有反驳她，总觉得有些不对劲的地方，可这种事情当局者迷，且旁观者很难置喙，只有静观她这段感情的发展。

　　最近，听朋友提到她，说她被男朋友甩了，并一度精神崩溃，差点进了医院。

　　朋友转述时也颇不平，讲她说的最惊心的一句话是："我都愿意嫁给他了，不嫌弃他了，他怎么还这样对我？"

　　好吧，对于这段感情，她先有嫌弃之心，甚至明确表示自己"不爱他"，可见基础并不好，而她勉强自己这么与对方相处，无非一图优越感，二图安逸，觉得将就一下也能成就幸福人生。

　　可人是多敏感的动物，你怎么想怎么表现，对方当然是会察觉出来的，在察觉后，人家又会有多么不平呢？如果你曾这样对待一段爱情，最后被伤得体无完肤，那么就不要怨天尤人了，他给你的这个报应，属于人之常情，没有哪个男人能够忍受这样的感觉一辈子。

如果他真是这么一种逆来顺受的性子，说真的，你还未必受得了他呢。

被喜欢的人甩了，痛哭一场也就算了，但是被自己原本嫌弃的人抛弃，是多可怜的事啊！

因为即使你并不深爱对方，相处久了也是有感情的，分手时除了感情的破裂，更多的还有不甘心。

这个不甘心，就是传说中雪上加的那层"霜"，它会让你痛不欲生，人生观为之改写，甚至从此失掉对幸福的自信。

在爱情中，放任、等待、忍耐都不是明智之举，当你自己隐约能感觉到有问题了，那么别给自己找理由，问题一定存在。

你不去解决，它不会消失，只会积累起来，到头来爆发给你看。

在开始时，不够喜欢，不够满意，就不要去答应；或者当你觉得一段感情成了鸡肋，淡薄了，对方对你不够好了，那就别再拖下去了。

除非你确实能拿出一击制胜的有效行动来改变这个局面，否则越拖下去，你所拥有的爱和机会就会变得越少。

温水煮青蛙，青蛙会死去，无非是因为它不肯相信，水总是会越变越烫的。

幸 福 爱

从 新 手 到 高 手 的 爱 情 修 习 课

难道真要等到66岁才初吻

...

咱们国家比较传统，在普遍意义上，女人最好找个比自己年长的男士，女人一旦过了三十岁，挑选余地就会骤然缩小。

对于三十来岁的单身女人来说，面对那些二十三四岁发展期的小伙子，即使倒贴，他们也未必敢收。

而三十岁往上的男人们，多数都已经名草有主了，单身的、有钱的就索性直接把"黑手"伸向90后的可爱MM[1]，直接跳过"奔三"的女人[2]。

如果"奔三"们只是想要单纯的爱情，那倒好办，削尖了脑袋想找个小青年轰轰烈烈一场总还是找得到的，问题是，女人要的不光是爱情，还有婚姻，要是到了这个岁数还不以婚姻为前提交往的，那就真是高举标语摇旗呐喊、一步一步向着"独身主义"行列冲刺了。

一个快接近女人最佳生育期deadline（最后期限）的姐姐给我留言诉说她的苦闷。

她叫Ashley，今年31岁了，刚刚去相了一次亲，对方是

[1]指年轻漂亮的女孩。
[2]指快30岁的女性。

一个离异的36岁的男人，两人不咸不淡地聊天、吃晚饭，然后他开车送她回家，Ashley对他没什么感觉，相信对方对自己也没什么意思。

自29岁之后，Ashley几乎每个月都会见1～2个男人，有时会跟其中的某位交往几个星期，最后皆是无疾而终。

她觉得这是因为感觉不到爱情，没有心动的感觉。似乎这么多年来，她一直都在寻觅着所谓的"爱情"，"可惜我运气不好，从来不曾遇到"。

让人惊异的是，Ashley从来没谈过恋爱，不曾与任何一个男人牵过手——就她说来，自己的条件并不是很差，一般而已——容貌平平，身材中等，在一个稳定的单位里拿不多的薪水，性格文静，甚至称得上温柔。

"大把大把跟我条件差不多的女孩子都嫁出去了，偏偏剩下了我。我并不挑剔，从一开始就是，只想找一个普通的男人，我爱他，他也爱我，然后过一辈子……却从来没有遇到过。我有时候也宽慰自己：他就在生命的某个路口等着，再等等，就等到了。"

话虽这么说，但他人的眼光总是会让Ashley感到难堪。年轻的时候，她总有坚持的理由，但随着年龄的增长，连这种坚持都变得理不直、气不壮，大龄剩女的身份让她时常被人指为"挑剔""眼光太高""老处女脾气作怪"……这让她背负着巨大的心理压力。

而Ashley的婚姻大事更成为父母的"隐疾"，不想告诉别人，又不能不告诉别人，因为需要拜托别人帮她介绍男人。

Ashley还没有强大到可以独身一辈子，她非常渴望婚姻家庭生活，恨不得立刻就能把自己嫁出去，可就是找不到想嫁的、能嫁的人。

她感觉自己简直被逼到了人生的死角。平日里与朋友同事相处，她都很谨慎，告诫自己千万不要有所谓的"老处女"做派，于是在人前她总挂着温柔的笑容，多与人交往，保持平和宽松的心态。下班后独处的时光也用来阅读、看电影、做护理、养花、做饭，极力保持最好的状态，时时提醒自己：对自己、对生活再多一点耐心。

Ashley将这种状态保持了一年又一年，却始终没有等到奇迹出现。

等待是一件很累的事情，她觉得，自己好像有这种一直独身下去的势头了，这让她觉得很恐慌。

最好的朋友劝说她："婚姻里重要的从来不是爱情，找个条件差不多的就行了。"

Ashley自己也相信，婚姻里有比爱情更重要的东西，但是始终觉得心里有打不开的结。

"我都没爱过呀，让我怎么甘心，就算找了一个条件合适，对我也好的，但就像人家说的，纵举案齐眉，到底意难平。"

现在的日子对Ashley来说，非常难熬和痛苦。

如果一个人，从来都有志于标新立异，要过与众不同的日子，那也罢了，可她偏偏是个最普通的人，想过"随大溜"的生活却不可得，真是让人想想就要抱怨上天的不公。

杨千嬅的《自由行》，唱着"算有幸有不幸，当作四处消遣散心，预备66岁初吻……"听着这首歌，她会感到一阵阵绝望，"难道，真要等到66岁才初吻？"

我们先来看看Ashley最新的相亲对象——一个36岁的业已离异的熟透了的熟男，身上能有多少爱的心力和热情？

一顿饭吃下来，不咸不淡简直是个必然。

倘若这样的熟男能对她一见钟情，她也不至于蹉跎到今天了。

人到了Ashley这个年纪，追求的不外乎就是稳定和过日子，绝大多数这时候相亲的人也是怀着这个朴实的愿望的。而Ashley却像个刚刚怀春的少女，张口闭口都是爱情，实在让人有些不解。

我非常诧异她的慢热。Ashley姐姐啊，你在19～29岁之间都在干什么？整整10年，足足3650多天，你身边竟然连一个你想要的"普通的"男人也没有冒头，会有这样的小概率事件出现？我非常无法理解，只能猜测，恐怕Ashley自认为的"并不挑剔"里面有些水分。

一个专门给人家牵婚姻红线的朋友告诉过我，那种进了介绍所的门，张口就说我一定要找个35岁左右的博士且有车有房子的女征婚者并不算离谱，虽然她的条件俗气，但是俗气得有可操作性，只要自身条件相符，那么用了心去找，是不会找不到的。

而比较令人崩溃的，就是那种口口声声说就要找感觉、找爱情的征婚者，你给她介绍了无数个，她却嫌张三太矮、李四没车……折腾了十几个没一个令她满意的。

后来他们索性就不伺候此类客户了，因为这类客户的意思就是：我不喜欢的，千万富翁也不嫁；我喜欢的，百万富翁也嫁了。

这种隐形却苛刻的条件，其实就是不能正确估量自身的一种体现，是对自己认识不够充分、对婚姻没有务实的规划和期许的人做出的判断。

20岁的少女大概还可以这么天真矫情，而一个需要求助到婚姻介绍所的女人还这么不切实际的话，那我们就只好建议她先回家上床睡觉，梦里寻他千百度啦。

喜宝预备军

这是一个发生在国外的故事：有一个出身一般的美女，嫁了个富甲一方的老男人，这个老男人对这位夫人宠爱有加，什么事都由着她的性子。

后来男人暴毙，这个女人就失去了靠山，她完全无法相信大势已去，不改其性，在一次名流聚会上，肆意对另一位名媛大打出手，结果被判了故意伤害罪，被关进大牢沦为了阶下囚。

这个故事应该可以教育很多把"喜宝"奉为经典的女人。

在我的生活圈子中，有许多这样的女人，我把她们叫作"喜宝预备军"。

什么是喜宝预备军呢？

先说喜宝，她是香港女作家亦舒笔下一个为了追求高物质生活而放弃了爱的女人，当她成了最富有的女人时，才发现青春已逝，爱情不再。

而我现在所说的喜宝预备军们虽然自命不凡，却不能像喜宝一样可以单凭漂亮和智慧生存，所以追求物质生活的方式不外乎将肉体赔上这唯一选择。

虽然心比天高，奈何命比纸薄，只好终年恨恨然，觉得自己原本不至于如此。

所以说，喜宝预备军，则不如喜宝。这些预备军的特点是有一大堆恋爱带来的坏习惯，几乎没有什么女性朋友，对比自己强的女性饱含恶意妒意，很不容易爱上男人。

其实我觉得，她们很值得同情，因为她们随时准备出卖自己，但又不一定能够把自己兜售出去，而且自己也已经不容易爱上他人，对任何事物的评判标准都带着势利，于是就把孤僻当作清高，还要稍带把别人都想得卑劣才作罢。

每个人一生中都会养成很多习惯，我们怎么来分辨习惯的好坏呢？

很简单，明知不对又不容易改掉的就是坏习惯。

比如说，习惯奢华的生活，这就是一个很坏的习惯。就像亦舒说的那样：女人的堕落是从高跟鞋开始的。因为穿惯了高跟鞋，她便不能好好走路，于是只好打私家车的主意。

某律师，个人条件非常一般，只是特别有钱，他有一个非常漂亮的老婆。为了防止老婆出轨，他天天把老婆供养得好好的，只是不给她太多现金花，另外用他老婆的名义首付了七套别墅。人家都夸他对老婆好，他阴阴地笑着说："倘若以后出了变故、她要和我离婚，我就不付月供，让银行找她麻烦去。"

这位律师的做法就是典型的养金丝鸟的方式。笼养了的鸟，是很难再放养出去的。

即使撇开钱不谈，要是曾经有这样一个人对你无微不至、体贴礼貌周到，你便不容易再爱上张三李四。没有对比你不知道他们竟然差成那个样子，讲话无味，面目可憎，没有内涵，花钱小气，欠缺家教。曾经沧海只需要一次，便再难为水动容。

关于优秀男人的话题，我曾与一美女闺密讨论过。

她说她现在相信优秀男人都会在30岁前结婚，剩下来的大概都在等仙女。我说我可不是仙女，我就一普通妞，找个不错的很爱我的男人就行了，不会指望威廉王子。闺密说对的对的，我们都是普通妞。

谁都只是普通妞，不是亦舒书里那种灵气逼人的仙女。所以我很纳闷那些做着灰姑娘之梦、一点也不切实际的喜宝预备军的心态。

她们想法很奇怪，总觉得没有男人欣赏自己是因为他们眼光不够好；喜欢自己的男人又有种种欠缺，根本配不上自己，只能拿来做备胎；不如自己漂亮的女孩子找到好老公嫁了，就说她们有心计有手段；比自己漂亮的女孩子，则统统都是靠勾男人上位的狐狸精……

仙女级别的女人大概百年难得一见，喜宝都排不上队，喜宝预备军们也就更不能算了。

我想对她们说，不要过于高估自己，不要老把自己的失败和别人的成功归结为侥幸。恋爱的成功率不一定和你的优秀程度成正比，但左右偏差也一定不会大出五度去，看上你的大多数人，和你的自身条件出入不会很大。

世界上可能确实有完美无可挑剔又爱你异常的男人，但是，大家的运气都差不多，普遍没有那么好。

太超出平常地娇纵你的男人，十有八九在某些方面不如你——或者穷，或者长相"抱歉"，甚至还可能是个感情骗子，他们正是因为有了这样那样的弱势，或者劣势，或者歉疚之心，才会娇纵着你。如同挥霍一样的恋爱，不利于培养自己的健全人格，不利于长久发展，提前支取了所有的宠爱，剩下的都是苦果。享受惯了这种畸形的宠爱，就不会容易再相信别人、爱上别人了。

女人要懂得分析一段爱情的真实度和牢靠度，细水长流的才是幸福，大起大落的都像吸毒。吸毒般的恋爱，在很多的时候，的确让人飘飘欲仙，但有朝一日货源断给，犯起毒瘾来却也可以让你生不如死。

如果可以，愿喜宝预备军们能尽早醒来，不要再被幻想迷惑了。

为爱找一条起跑线

一向强势的大龄单女[1]默默，最近也耐不住寂寞，前来诉苦。

奔三的她在别人的眼里，似乎已到了虎视眈眈要结婚的年龄。

是啊，社会对于过了25岁仍然未婚的女性舆论压力总是那么大。

有时想想，默默真是恼火。当然啊，你尽可以"走自己的路让别人说去好了"，可是在实际生活中，选择独身的生活方式还是有难度的，没有强大的承受力和坚定的理由基本坚持不到最后；但她想选择走上这条婚姻路，说起来也有难度。

默默的父母是那种感情很好很和谐的夫妻，家庭很温馨，也正因为这样，她迟迟不结婚，甚至不打算结婚的想法，让父母无比担忧。

大学期间，默默谈过恋爱，皆以失败告终，以致心中的阴影持续了很久。

后来她觉得好多男生都很自以为是，尤其是家庭条件好

[1]指过了25岁依然单身的女人。

的男孩子，根本没心思去理解女人，只管以自我为中心，一旦交往起来，主题只有一个，就是结婚。

工作以后，她禁不住热心闺密三天两头的介绍，与一个男生相亲。

对方是博士毕业，在拍卖公司上班，才貌都算上乘。喝了两次咖啡，男方对默默颇有好感，但见了两三次面，默默察觉出他身上有很重的大男子主义味道。就像精神过敏一样，默默对他开始迅速抵触，主动终止了关系。

如今想起来，难道是自己太苛求？没足够的耐心去了解男人？

过去的几年，默默的生活丰富而充实，时常与女友逛街，也会计划好路线独自旅行，快乐来得很自然。毕竟洒脱的个人生活偶尔承受一点孤寂哪怕是凄凉，默默也能接受，忍一忍就过去了呗，有什么难的呢。

可是随着年龄的增大，她的心理似乎起了变化。

工作上的压力越来越大，每天做不完的繁杂事务令她焦虑重重、忧心忡忡。寂寞的当口，邻居家飘来的饭香，让默默无比渴望家庭的温暖。偶尔她会看到邻居夫妻二人饭后散步的情景，一想到他们人到中年还如此亲密，默默心中就禁不住既感动又空荡，有时候打电话向妈妈诉苦时，甚至会忍不住掉出眼泪来。

她本以为自己内心足够坚强，可是情绪莫名地出现起伏，烦躁不安和流泪的频率迅速加大，消极的情绪很难快速排解，甚至影响到了工作。

默默生怕别人看到自己的内心，便不愿多说话，也不愿出门。她也明白总是自闭、压抑自己的话，会陷入恶性循环的怪圈。

但如何走出来？她找不到合适的突破口。眼下为了评职称，她需要再弄个博士学位，多学点东西倒是好事，但压力毕竟很大，边工作边复习，几乎没有任何消遣、没有任何空间的生活已经搞得她力不从心，以往还算多彩的生活不知怎么就陷入了僵硬和沉重中。

真的很想为爱重新起跑，但是默默找不到自己的起点。

我经常说，人是社会性的动物。我们可以与社会的普遍规律背道而驰，特立独行，但是这需要付出比你的所得昂贵得多的代价。

若默默是个始终坚持自我的女人，那她大可以继续无视周遭的眼光与言论。

但是，现在的她已经开始严肃认真地思考关于爱情和婚姻的问题，这种思想上的波动说明她正在重新审视自己过去以及目前的生活方式。

当然，若此时的她能确定自己一生的生活方式，并且为之坚持到底的话，那就沿着想要坚持的方式去生活吧。

此时的默默最好是非常明确自己想要什么，并且是非常坚定的明确。否则，可以在这个时候考虑——回归传统。

默默应该庆幸的是，她没有等到40岁的时候才来思考爱情和婚姻这种问题，现在属于亡羊补牢期，一切都还为时不晚。

看到默默还在细数回忆十几年前大学时代的爱情，我实在有些替她惋惜。

姐妹们都要知道，现代社会早就摒弃了"痴情女子"这种角色。没有结果的爱情，就应该连伤痛一起清除掉。

沉浸在遥远的回忆中不能自拔的女人，对于现在这个飞速发展的社会来说，很傻很天真。

30岁的女人，没有20岁的青涩稚嫩，也没有40岁的过度成熟，其实此时的默默正当魅力十足。

要相信，信心可以让任何年龄段的女性充满魅力。

我会建议她增加自己的社交机会，并不一定就得是相亲这样的社交，现代社会绝大部分的夫妻都不是在相亲场合认识的，多参加户外活动，培养一些兴趣爱好，或者通过网络认识一些朋友，这样其实会有很多意想不到的缘分出现。

世界上没有十全十美一说，凡人凡事有多大优点必有多大缺点，只看你在乎的是什么。你想找个全心全意疼妻爱子、每天做菜洗碗不舍得你辛苦的人，就要接受人家可能事业平平、胸无大志的性格。

如果你想要一个满心斗志事业心极强、每个月定时交给你大把生活费的丈夫，就得做好"爱上一个不回家的人"的准备。

所谓有所失才能有所得，明确自己在情感婚姻当中到底需要的是什么和绝对不能接受的是什么，平衡这两项参数之后，你自然知道什么样的男人是适合你的。

当爱情遭遇"砝码门"

. . .

这一篇，是专门给美女们看的。

不知道你是否注意到：社会上存在很多让大多数女人都会喜欢的白马王子，但是绝对不存在让大多数男人都会喜欢的白雪公主。

这是因为女人总是在选择更高的性能，男人却永远在选择更高的性价比的缘故。

男人的最大价值——金钱，是有一个具体的指标去量化的；而女人的最大价值——青春美貌，却永远都容易找到类似替代，还会逐渐消失。

当一个美女，自然有当美女的好处，不过，当别人在注意你的美的时候，不知不觉就会忽略了你的其他部分。

特别是在你年岁见长的时候，原本那些自惭形秽的坏男人就会像得了势一样地站出来，摇摇头，感叹一声：美人迟暮。

实则即使杰尼亚钻石戒指打一折，他们也买不起，还是只能买买锆石，不过看到前者打折，他们心里不由自主美滋滋地暗爽：掉价了吧！

这种人的心态，我们一般叫作势利。

我想讲两个发生在我生活中的小故事。

一个关于我闺密以前的男同学，一个关于我的一个30岁出头的美女朋友。

我闺密的这个男同学25岁，以前是很正常的，和她一直保持着不错的朋友关系，后来他不知道怎么的就有点心理扭曲了。

前两天他发短信过来祝我闺密生日快乐，然后催我闺密赶快找个靠谱的男人结婚，说："没听说女人就像圣诞树吗，再好看炫不过25。"

他说："你承认不承认都一样，年轻就是资本，或者说除非随着年华的老去，女人有其他方面的优势增长，不然总资本就是负增长，对男人的吸引力也会变得越来越低。男人其实也一样，但是年轻在男人总资本中的权重比女人低得多，年龄的压力要轻得多。"

闺密生气地把短信给我看，问我到底该怎么回他呢？

我说你这样回他："别自我安慰，要是对女人的评价标准是年轻漂亮，而对男人的评价标准是个高多金的话，那我们有前者，至少曾经拥有，你有后者吗？"

再说我这个30岁的女朋友，自己做生意，有房有车，长得挺漂亮，找的男朋友小她两岁，工资比她少。交往后这个男人告诉她："亏了现在认识你，要是你今年25岁，我根本不敢追你。"

听了这句话，我说："这个男人迟早会抛弃你的。"

她说："不会啊，我曾经问过他这个问题：'我比你大两岁，你以后有权有势的时候，我都人老珠黄了，你会不会去找小三啊？'他回答说：'现在我肯定一颗心全在你身上，要是以后遇到很多生意场上的人在一起聚会，逢场作戏总归难免，但是我永远会把家庭放在第一位的。'"

我当时就怒了："他说'现在'一颗心全在你身上，当然就表示'以后'会把心放一部分在别人身上；他说逢场作戏，当然就是在外面花天酒地！在你最风光、最好的时候，在他完全没有资本的时候，他都敢这么对你坦白，摆明了根本就没把你看在眼里，吃准了你跑不掉，而且以后更加跑不掉。"

她说："可是他很爱我啊，也真心诚意想和我结婚啊。"

我说："那是因为他生性就是一个势利的人，他将你的价值一一衡量过，知道你现在的条件是高于他所能出得起的价格的，也就是说你是在贱卖给他，所以他才会那么积极地想和你结婚。可是，如果一个和你交往的男生，已经把你放在天平上称量，把你的美貌、年龄、财富等当作砝码去衡量与你相爱的程度，那么可以肯定的是，在以后的相处中，他依然会将你放在天平上称量。随着时间的流逝，你的那些被他作为评估价值的砝码渐渐减少时，他不但会陆续撤下他那头的砝码，而且根本不用担心你这只煮熟的鸭子飞走。"

她说："那我应该怎么办呢？"

我说："分，最好的解决办法就是分掉。倘若你不肯短痛，那就只能等着长痛来临。势利这种心态来源于比上不足比下有余，他始终不能获得内心的满足和充实，必须通过和他人的比较来自我安慰。现在社会风气又那么乱，等到你们都四十出头，他身边的朋友倘若开始攀比自己的情妇，他百分之百会争先恐后。"

她说："如果和他分开，我肯定找得到更好的……可是他会不会觉得我太势利呢？"

我说："只有势利的人，才会觉得别人的选择是势利的。"

你选择比他好的，他说你势利；选择不如他的，他对你鄙夷。

也就是说，倘若他觉得你势利，势必是因为你本来就应该找得到比他更好的，而且你也找到了他所认为的比他更好的对象，你应该感到高兴才是。

所以，如果不势利地对待势利的人，他们只会更加势利地对待你。

而且势利是没有尽头的事，这完全是种习惯。他们身穿着与自己身份不符、你免费赠送的昂贵的阿玛尼，当然会一时感激涕零并将你视若珍宝，但这完全不影响他们同样会在商店的final sale（清仓甩卖）的花车里翻来翻去淘宝，买到便宜的就沾沾自喜，末了并不珍惜自己身上那件已经到手的外衣。

而当你黯然失望，并且发现身边比这个男人更加配得上自己的赠予和付出的其实大有人在时，敢问，你手中的筹码还是当年阿玛尼的那个段位吗？

远离loser的"人生指南"

...

最近迷上了"犯罪刻画"，所以在看到任何言论或表现的时候，我都喜欢多想一想，于是经常看到很多隐藏在问题表象之下的阴暗面，特别是某些人流露的loser（失败者）气质。

网络上有篇挺红的帖子，名字叫作：《长得漂亮不如活得漂亮》。絮絮叨叨说了许多关于"男人对你不好的时候应该尽快地甩掉他"之类的言语，总结起来便是教女性如何对付坏男人的问题。

列举如下：

当一个男人对你说：分手吧，请不要哭泣和流泪，你应该笑着说："等你说这话很久了。"然后转身走掉。

不要和男人动手。第一，你打不过他；第二，和你动手的男人一定是个疯子。所以，不如不动。

如果一个男人对你说他喜欢你，相信他。如果他说不再爱你，也相信他。任何时候，要告诉自己，离开一个不爱你的人，是幸运。

如果很不幸遇上了一个以上床为目的、对你始乱终弃的男人，请先微笑，然后鄙视他："你是我这辈子遇见的最龌龊最无能的男人。"接着用最美的方式头也不回地离开。

如果男人以他忙为理由，不来探你的病情，不回你的邮件，不关心你的状况，不能和你承担生活的重负，无法给你勇气……勇敢一点，自动离开。没有什么比自己关心自己来得实在。而一个不爱你的人，你付出得再多，对他再好，那也不过是浪费时间和精力。

很多读者看到这里，大概会说："她说得没错啊，娃娃你想批判什么？"

没错，上面的一切都说得很到位，但是并不说明我们这么做了就是"活得漂亮"的人，顶多是"输得不难看"。而围绕着一个"输"字转来转去，这纯粹是loser的思维模式。

活得漂不漂亮，这是根据既成的生活状态和精神状态而言的，真正达到这种状态的人，并不需要一再去考虑那些被辜负、被抛弃的问题。好比如果每天都鱼翅燕窝地被伺候着，我们是不会考虑到吃不烂白菜帮子应该如何处理的问题的。

在爱情里，人总有被伤害和伤害别人的时候，被伤害也不代表失败，对方也许另有苦衷，或许根本就是两个人在相互伤害，不适合在一起，不能说对方对你有多大的恶意。

而长期陷入"我受了很重的伤，接下来怎么办""我天生就是被人伤害的""我要体面地保护自己"情绪中的人，会无法看清自己，更无法从伤害中吸取教训，就不用说避免下一次的失败了。

那么，这篇帖子的作者所说的"活得漂亮"实际上是什么呢？

其实是活得无奈，更是在掩饰自己的失败。人家已经出招了，溅了你一身血，你只好被迫清高独立，被迫想办法和不好的人划清界限，摆出一副"你辜负我也只能辜负一次"的表情……

图姿态优雅，我没什么可说的，但问题是，女孩子照了帖子作者的话去做，心里的落寞、伤心、失望、痛苦就都能少一些了吗？

两军对垒一夕落败，哪怕摆出个漂亮的模特造型来，对于解决问题、解决心结，也还是于事无补的。

真正的活得漂亮，是大胆地去走，跌倒了肯承认，知道痛，敢于放声大哭，但是拥有自我总结的能力、面对伤害的勇气，只有这样的女孩才能在结束一段不愉快的感情之后快速地自我痊愈，爬起来继续走得更好；而不是整天走在坎坷的小道上，跌倒了咬牙站起来说："哼，我才不痛呢。"

那是只有loser才会做的弱势宣言，如果你照做了，就证明了你认同loser的心态和解决问题的方式，于是你自然而然地被归到loser的团队。

回过头来看看这位发帖者的理论——说长得漂亮不如活得漂亮，就好比说，左手长得好看不如右手长得好看，或者说，有个好老爸不如有个好老妈。

一样重要的属性，何必偏偏要对立起来呢？

这样的矛盾冲突，恰恰凸显了自身的loser气质。

吃不饱的人，暂时不要去谈"饿肚子比营养过剩更健康"这种问题比较好。

作为一个追求活得漂亮的女人，必然也是力求让自己外表美的女人，如果一个女人总是蓬头垢面做工作狂、黄脸婆模样，外星人也不会相信她能活得漂亮。

世界上的loser非常多，而且他们的一大特点就是绝对不承认自己是loser。更有一些摔过几次跟头、跳过几次坑，便以为自己饱经风霜阅人无数的主儿，专门爱在网上言传身教地发表一些恋爱指南，甚至人生指南……

拜托，从失败中总结经验的前提是拥有一颗强大和健康的心，本着失败者的理念，能鼓捣出什么醒世恒言来？

比如某论坛的一些泡妞和搭讪技巧，有句话让我印象特别深刻，"开着好车去搭讪那不叫搭讪，那叫仗势欺人"（大意），如果你擅长识别loser的话就知道这句话的意思就是他自己绝对没钱买好车。从他的心态来看，这辈子也甭指望了。

还有一些女人写的类似怎样嫁个有钱人，说什么千万富翁们都是怎样生活，说什么他们只喜欢怎样的女人、不喜欢怎样的女人云云，我看了惊讶地发现，敢情我认识的那些亿万富翁娶的都不是女人了。

看太多这样的原本是一个loser的人在小人得志便猖狂的情形下写的"指南"，会对你造成潜移默化的影响，最终让你也变成一个loser。

我们可以不富有，但不能有一颗贫瘠的心，中伤和诋毁他人的长处，这样恰恰会凸显自己的可笑。

如果你总是怀有一种loser的心态，接触的闺密也都是loser的话，那么恭喜你必将成为一个彻头彻尾的loser！

只有当你把心态调整正确，与恋爱成功者交朋友，才能同样成为一个成功者。

女人应该被宠爱，也应该宠爱男人

. . .

　　有人在我新浪博客里留言："女人生孩子用多长时间？十月怀胎一朝分娩，加上产后疗养一年够了吧。难道你想把人生这短暂的一年当成依赖男人一辈子的借口吗？"

　　我本来不太看留言，不过这回正好看到，说一句很不客气的话，真是恨不得当时就把他从屏幕后面捞出来狂抽几个大耳刮子。

　　我请留言者摸着良心说说，两个情况相同的女人一起摆在你面前，你会选谈过恋爱的还是没谈过恋爱的？

　　你会对有男朋友的女孩更好，还是对没有男朋友的女孩更好？

　　你会对结过婚的女性比未婚女性更热情吗？

　　选择结婚对象时，你会优先选择一个离异过的女子，还是一个未婚的女子？

　　倘若她还堕过胎或生过小孩呢，你会不会迟疑一下？

　　在这个不平等的社会里，女性地位虽然在缓慢地提升，但女性的生理年龄却是随着时间不断在衰老的，女性的黄金时段比起男性的来说更加宝贵和稀少。

如果他是个好男人，就应该懂得感恩，要对他所爱的女人负责，一开始就要拿出诚意来，去追她、宠她、爱她。

每一个女人都该是男人手中的宝，一辈子宠爱也不为过。

当然，另一方面，男人疼自己的女人，但女人不能把这当作理所应当。

感情始终是两个人共同维护的，当对方为你驱寒、给你温暖时，想想你是否也应该为他做些什么，感情世界里，只有相互扶持，遇到事先去为对方想才能让幸福保鲜。

没有一个规定写着双方谁必须付出多少，更何况真正相爱的两个人对彼此的付出也不应该被量化。

造物者分出雌性和雄性，这是自然界正常的规律，女人生孩子，男人同样也没闲着，何况男人是不能生孩子的，他们也没有办法……

当一个母亲孕育出一个新的生命时，那种感情也只有母亲知道，这就是女人用她的辛苦换来的。

MM们也要记得，不懂知足感恩就没有幸福。

幸 福 爱

从 新 手 到 高 手 的 爱 情 修 习 课

男人是女人的
情商培训基地

同样一场恋爱，

女人需要付出的机会成本比男人高得多。

所以女人务必要在恋爱的最初就打起精神，

找到正确的恋人，正确地付出。

有一种爱叫作敬而远之

前段时间一直在看日本电视剧《一吻定情》，恰逢我一个小妹妹狂迷一个大四的学长，整天学长长学长短的，一张花痴脸，我看到她这模样，不得不多说了两句。

我告诉她：女生喜欢优秀的多才多艺的男生是很正常的，但是如果这样的男生家境不好，人又特别孤傲，就千万不能去追。

我说的男生大概可以给他们总结出这么一副白描相：长相中上，人比较消瘦，成绩很好，看起来有点腼腆，不太喜欢说话，但其实蛮有幽默感，对女生总是彬彬有礼很客气，顶多在口头上会占你一点便宜，举止上一点也不像其他男生那么毛手毛脚；喜欢看书，喜欢一些安静的活动，运动神经比较发达，有不少才艺（特别是声乐和棋类），但很少自我吹嘘。如果在不经意中去看他，总能看见他在沉思的模样；喜欢做出一些旁人无法理解的举动，说一些听起来有点悲伤的话，很可能还会写一些颓废的句子。

如果以上条件满足50%以上，那么基本可以断定他就是我所形容的这种人。我们可以称他为冷血的少女杀手。这样的男生，对于没进入社会的小女生特别有吸引力。

他最大的特征就是孤傲，对小康家庭的娇娇女没什么兴趣。

他平时对人看似很礼貌，实则总保持着距离感，始终都是一张"扑克脸"。这是因为这种人的家庭所致——出身不太好的男生，再加上心高气傲，始终会有种怀才不遇的心态。他习惯伸手取得自己想要的东西，对他来说，赢来的才是最好的，主动送上门去的，他不会珍惜。如果他可以接受你，那他还不如接受一个有钱的大小姐。反正都是被追求，对他而言，没有什么两样，后者还更实惠些。

这种男性对女性的那种冷淡，是因为从小被女孩子欺负（你要知道聪明的小男生十有八九小时候都被女生欺负过，这很奇怪，但又是一种普遍现象），长大后又被迫要和女性竞争。

所以这样的男生对生来含金汤匙的娇娇女都会有种仇恨的心态，因此绝大多数情况下不会主动与女生接触，因此这种孤傲的特性也就格外吸引平时被异性宠惯了的小女生们，令她们特别容易上钩。

抛开这些不谈，他一定很优秀，因为他的这些生物特性，天生就吸引纯良的小绵羊们。

但是他的起点很低，这就注定他不会甘于平庸，要用自己的努力去改变命运。

这样的人，心里对财富是最向往的，这种向往可以让他不计一切代价。女性在他心里只占有很小的一个部分。

打个比方来说，大家都看过武侠小说中那种为报仇雪恨而生的侠客吧？这种人的人生目标和需求就是报仇，就好比生活中的他们的人生需求就是财富地位一样，他们其实对女人根本就是冷血的——因为他们根本就没把女人当作必需品。

所谓为了荣华富贵抛妻弃子的男人说的就是这种人，会为了富家女和位高权重的岳父抛弃心爱的伴侣的人，说的也是这种人。

这就和在城市长大的女人在与凤凰男结合之后一般不会幸福的原因类似。无论你给过他什么，他也不会懂得感激，他认为那是自己追求来的，甚至是交换来的。

倘若有朝一日他真的功成名就，那你就等着被抛弃好了。

倘若他一直没机会成为一个成功人士，那就跟着他怀才不遇一辈子好了。

历史告诉我们什么？朱元璋灭了元，做的第一件事是什么？就是杀掉那些知道他老底的人！

如果你是一个从小被家里宠爱惯了的宝贝，那么碰到这样的男人千万要敬而远之，你们的价值观与人生需求压根不一样。

我们都知道在爱情中受伤很痛苦，就像我们知道吸了毒难戒一样，所以从开始就擦亮双眼、坚定决心，碰也不去碰那些可能让我们泥足深陷的危险品才是明智之选。

幸 福 爱

从 新 手 到 高 手 的 爱 情 修 习 课

警惕那些感情仙人掌

昨天看了一个帖子，帖子里的男主人公追女方（学校里的校花，毕业后做了空姐）追了五年，过程中这个女孩子一直都告诉他，我不喜欢你。但这个男生一直缠着女方，对女方很好。

后来这个男生在偶然的机会下小赚了一笔，买了车子和房子，当他把这些物质条件摆在女方面前，慎重地向她求爱时，女孩犹豫了一下，告诉男方说："我知道你现在也不清楚自己对我到底是征服欲还是真心，没关系，我给你机会，如果我们在一起后你觉得对我只是征服欲作祟，我放你离开；倘若你是真心，我就决不放手。"就此接受这个男生。却没料到男生得到回答之后心里开始打架，竟跑到论坛上来问：因为钱，拒绝我五年的女孩子现在开始倒追我，怎么办？

看完整个帖子，我对女主角的印象非常好，为什么好呢：

1. 这个女孩子对不喜欢的人的态度是明确拒绝的，没有故意拖着人家的意思；

2. 她并没有因为身份便利（空姐）而找个大款嫁了；

3. 从上面的描述看来，她说话有理有节、不卑不亢，而

且贵在真心实意。

　　但是男方的心态却呈现了轻度的扭曲。他觉得自己对那个女人一直很好，对方没有接受自己可能是因为自己穷，所以当他有了一定的物质实力，并且把这些物质拍在女生面前的时候，女生的态度让他一下子觉得这个女生完全就是个势利眼。

　　我很想问问这个男人，你知道人家拒绝你的真正原因吗？又知道人家改变决定的决定性因素吗？要是您压根就不相信水滴石穿、真情可以打动别人的话，那你马拉松一样坚持了五年不说，还一口气把自己的全部家当压在人家面前做什么？要是人家照样一扭脸不搭理你，这篇帖子的名字是不是会改成《我把奋斗五年的积累都给了她，可势利的她照样嫌我配不上她》？

　　男人穷，没问题，真的没问题，但是不可以酸，更不能把酸当作武器，去考验、试探、攻击你爱或爱你的人。

男生不必因为自己曾经没钱，就希望别人一定要撇开钱的因素而爱上自己，这不现实。

举例说：倘若男主人公的女朋友不像现在这么漂亮、优秀，男主人公还会对人家一见钟情、穷追不舍吗？很难说吧。

男性选择配偶的时候，一定是要挑选基因优质的；反之，女人选择丈夫的时候，一定是要挑选有安全感的。

这是人的动物性，你没有办法去逆规则而行。无论女性男性，都需要尊重规则，尊重进化论。

爱情是平等的，倘若无法一开始就平等，那你就不要期盼日后的平等了。

我想现在那个女生是真爱上男方了，因为只有真爱，才会使她愿意这么转回头来——你以为她不知道男方怎么想的吗？

你以为她不知道怎样才可以继续把男方收入囊中吗？她只要继续做骄傲的女神，他就永远是追随的小矮人之一。

何况，这个男人又不是一夜之间泼天富贵，只不过是买了房子和车子而已，一个做空姐的女孩子，去哪里找不到这两样东西？她是真的爱了、被打动了，才会愿意这样委屈自己接受男生有些畸形的心理。

我觉得她很可怜，她爱上的是一个伪装版痴情郎，当男生押上自己全部身家"慎重求爱"的时候，考虑的可能根本不是"我终于有能力可以给你一个美满的生活了"，而是"我看这次你动不动心，哼"！

这问题的根本出在哪里呢？

出在男方在爱情中受的挫折太多，所以就算富有了也始终不具备自信，甚至比女方更没有安全感，对爱情的态度完全是一种暴发户的心态。

他惧怕失去，对感情的到来有深刻的不确定和无力感。

倘若把他比喻成植物，那一定是仙人掌，仙人掌就适合一辈子生存在那种感情的荒漠里，如果给它过多的水分，它反而会淹死——现在就是这样，得到了很多水分的仙人掌先生写出了这么一个荒谬的标题：《因为钱，拒绝我五年的女孩子现在开始倒追我》。他把现在自己在感情中得到的一切都归功于钱，而不是自身的魅力——所以这让我直接觉得他是一个没自信、没魄力、没胆识的男人。

钱是择偶中的一个加权值，没人说它不重要，但也不可能是决定性的因素。任何把钱的作用无限夸大或缩小的人，一定是认知能力有偏差的，同这种人谈情说爱，从开始就要做好被恶心的准备。

我想说，千万不要找那种对你一直奴颜婢膝、什么事情都愿意做、追你很长时间的人。爱情与同情是不能兼容的，如果爱情的奠基石只是感性的感动，而不是理性的评估，那一定是不长久的。

有一句话很有趣："坚持久了，就会忘记自己在坚持什么，忽然得到了反而一阵迷茫——我就是为了这些付出了这么多代价吗？"

这句话原本的用处十分沧桑凝重，但是套用到爱情里面、描述那些不健全的心态一样合适——你怎么知道那些当年对你苦苦追求的男人有朝一日终于抱得美人归时，不会这么想呢？

从新手到高手的爱情修习课

珍惜生命，远离恋爱养成型游戏专家

...

有一种游戏，叫恋爱养成型游戏；有一种男人，叫恋爱养成型游戏专家，是坏男人的一种。越是优秀的女孩子，越容易遇到这样的人。

他们的特征是：他非常爱自己，无法投入地爱你，但是他以为自己很爱你，你也容易误以为他确实很爱你。

他爱你吗？要说爱也是爱的，就像爱小猫、小狗，爱自己家的玻璃缸里的小乌龟一样，相比起来，恋爱对他们来说更像是在玩游戏，越有挑战性的游戏他们越喜欢。

这种爱没有特定目标，只是自我欣赏的一种外在投射，这就是我觉得越优秀的女孩子越容易遇到这样的人的缘故。

倘若一个男人常说自相矛盾的话，偶尔流露出很坏的一面，还喜欢装可怜，这就是本文的主人公了。

举个实例，是我在网上看到的一个帖子，发帖MM说自己貌似做了小三，因为和新认识一个月的BF交往的时候，无意中发现他手机里有另外一个女孩子发来的短信，短信主人是这个男人交往了六年的初恋，还曾为这个人打过一个孩子，大意是要求男人给自己一个交代。发帖MM的BF为了表忠心，就直接把手机关掉了，说随之前那女孩子闹去；后来禁不住MM的一再追问，就直接把手机交给发帖MM让她代回……让我惊讶的是，发帖MM居然浑然不觉这个男人有问题，还颇带着一点成就感到网上来倾诉！

我很想说：一个好男人，一定是品性忠良的，指望一个对前女友冷血的男人爱你入骨，指望一个曾经狠狠地辜负过女孩子的男人对你一辈子都好，那是不可能的。

这是血的教训，姐妹们，太盲目自信了，一定会吃苦头的。

恋爱养成型游戏专家的特性就是：对待爱情不主动，也不拒绝。他们对女孩子的要求不切实际地高，而他们自己付出的又少得可怜，就好像吃"角子"的老虎机[1]一样，什么都要吞进去，吐出来的却寥寥无几。至于他最终会不会对你负责任，这个问题说不好，倘若你是他不用花什么心血也能培养成参天大树的好种子，那他可能会对你负责吧，否则他会带着满腔遗憾、超级有技巧地和你farewell（告别），还有本事让你背负上所有的罪名和自责，承担他所有的不作为带给你的痛苦。

一般来说，对于自己的行为，他自己不见得有借口，但是他会误导你为他

[1]一种赌博游戏机器。

找借口——"他是爱我的，只是我们确实不能要这个小孩，这也是为了让我们以后生活得更好啊""他对我那么好，我多为他付出一点算什么呢""他有他的苦衷，我应该理解他……"OK（好），在这样的炼狱里，女孩永远不得解脱。

不够爱，便是不爱。在爱的世界里，没有暧昧的灰色地带。

当一个人全心全意爱着自己，所有的思维模式都是围绕着自己转的时候，你认为他们会有多少余力去爱别人？

他们的行为，其实是在亵渎爱，假爱情的名义，把女孩子的情感当作活生生血淋淋的祭品放在他们自私又博爱的祭坛上。

真正的爱是承担、是背负、是责任。不负责任的欣赏和接近，其实就是不爱。我觉得这样的男人，应该有一点良知，不要没事把爱挂在口头上像痰一样乱吐。

如果你身边也有这样的恋爱养成型游戏专家，那你就要赶紧从这样的游戏里爬出来，否则被他耍得团团转还"乐"在其中，除了可能最终落得肝肠寸断惨淡收场之外，更会错失与真正适合自己的好男人接触的机会。

在错误的时间遇见谁都是错

有个1993年出生的女孩子，长相尚可，在校园里很活跃，一直喜欢着隔壁班的一个男孩子。

男孩子原本不是不心动的，但他在外面听说了许多关于这个女孩的传言，如太爱玩、太疯太闹、太大大咧咧等，于是一直不敢主动出击。

在观望了良久后，他发现这个女孩子在与自己独处的时候，并不如传言那样，反而是一个很温柔、很乖巧的女生，于是就接受了女生的示爱。

但是在交往过程中，他从来不曾主动提出约会的要求，这就令女孩子窘了，她问我："我到底要不要主动出击呢？"

我的回答是：当然不要。

俗话说木秀于林，风必摧之。

年轻漂亮的小姑娘但凡有点个性，活泼也好，不够低调也好，总是免不了在感情中受伤的，我认识的开朗点的漂亮小姑娘，没有一个躲得过这一出戏。

要不怎么说自古红颜多薄命，红颜本身有什么过错和不是？还不都是被人给惦记着、算计着、陷害着的缘故。

而很多年轻男子，他们不够成熟，所以不能领会这一点。

这是因为男性的人生黄金时期比女性来得晚很多，所以男子在年少懵懂时，还无法感受到周围人的排挤和妒忌（除非是特别优秀的那种），也不会设身处地地理解女生的苦楚，于是无法感同身受，自然会听信传言，望而却步也是在所难免。

当然，还有一种男人，哪怕足够"熟"了，也会听信传言，对爱情摇摆不定。

这样的男人，是不值得你去爱的，他对你的爱情摇摆，是因为他还不能确定你是否是他一生的陪伴，当他遇见他的Miss Right[1]，就立刻成熟了。

能在谣言面前对你望而却步的人，一方面肯定是没有优秀到可以领会妒忌造成的伤害有多严重，另一方面也反映出他们的自我判断力匮乏。

人云亦云的人，即使和你在一起了，他们也说不定会顶不住朋友的压力和你说拜拜，因为他身边的朋友多半也是和他类似的人，甚至不如他，这些人明知道他是个意志不坚定的人，又交了一个优秀女友，你说他们会不会眼红、会不会侧面敲边鼓怂恿他和你分手？

并不是你肯迁就他就一定会感激涕零，咱们不能太低估了人共有的潜意识里的恶意。

女孩子大大咧咧其实没什么不好，在感情上，我建议一切顺其自然，保持你的大大咧咧的态度，甚至可以再骄傲一点，不要因为对方不肯出击就怅然若失。

一段没有开始就夭折的感情，就像医学上那些自然流产的胎儿一样，其实绝大多数是被自然淘汰的对象，因为这些胎儿先天发育不全，硬留下来了也是个怪胎。

[1]指理想中的未来妻子。

动物园曾经硬性用狗妈妈的奶水来喂养被母亲遗弃的小狮子，最后才发现那些小狮子其实是因为先天后腿发育不全才被遗弃的，所以无论如何，无微不至的照料也不能令它健康成长。

在感情上也一样，顺应自然选择，比反其道而行之更容易得到幸福。

所以说，如果他迟迟不肯和你开始，就冷落他吧，这样可以给自己一个更大的回旋余地，与一个还没有爱上你的人相遇，谁先爱了谁就输了。

男人在短暂的失落后，更容易想清楚自己要的是什么，倘若他享受惯了你的主动，以后你会发现不断独自付出是一种很可怕的习惯。

铁公鸡的爱情价值多少

...

很多男人请自己心仪的女孩子吃饭，明明女孩子愿意，但第一次也就是最后一次，过后再也约不出来了。

这是为什么呢？大概让很多男人心如刀割，觉得还不如一开始就约不到呢。

关于这个问题，其实许多姐妹都有经验，我自己在遇到我老公之前有过一次亲身经历也可以说明问题。

当时因为我还没有男朋友，中间人就向我介绍了A，之前提到的时候大大将其赞扬了一番，说是娱乐圈资深策划人，人非常好，不光可以合作，做男友也不赖。

有一次中间人和A一起吃饭时打了个电话给我，我正好和其他朋友在唱歌，就说你们过来一起唱歌吧。

当天A表现得挺不错，话不多，但比较幽默，第二天他打电话约我一起吃饭。

他当时很礼貌地征求了一下我的意见，问我想吃什么，我说最近长痘，不想吃辣，就吃点清淡的。

他说好，于是带我来到一家每人49元的自助日餐店。

无论是请人还是被请，我在北京从来没有见过那么便宜的日本料理，于是一时间站在门口有点不知所措。

他倒是熟门熟路地夹个包朝里面走，我也只好跟着进去。

心想：大概人家根本没想追我吧，打算和我谈点活动、合作之类来着，千万不要误会。

抠门男的行为其实很容易理解，他喜欢深撒网广捞鱼，认为如果觉得好再投资也不迟。但问题是，这样的心态，女孩子也是知道的。

正常情况下的生物界里，雄鸟首次向雌鸟求爱的时候，也一定是摘来新鲜果实或嫩芽吧？

人虽然是高等动物，但归根结底还是不能完全脱离动物性的。

如果一个男人在初期见面时就抠抠搜搜、锱铢必较，你只能理解为他没有诚意；要不就是因为之前见的人一般都不入他的眼，或者他不入对方的眼，失败过很多次，习惯了投资失败，所以在他们看来，如果一开始就投资太大的话不值得，侧面说明这个男人对自己的社会认知和定位不明确。

无论是哪种可能，这样的男人都不是佳偶。

当然，事情矫枉过正也不好，有的男生在初次约会时确实不抠门，但是大方得离了谱，如果一个月收入一两千的人突然拿出五百元请女孩子吃一顿饭，这是属于对自己的社会定位不够明确，拿捏不好分寸，很多女生都容易被这么极端的做法吓跑。

一般来说，比较有诚意的初次邀请是应该一定程度上超越自己平时消费的平均水平。比如说，他是一个月收入一两千的人，那么拿出两百元请女孩吃第一顿饭就是非常合适的。如果女孩子平时与男生吃饭都会AA，也请务必尊重对方，把他的用心看在眼中记在心里。在用餐结束后说声"谢谢"，给他留下一个完美的印象。

掉过头来说我和A，那真是流水无情落花有意，坐下来后没说两句，对方竟然开口就问："你是属什么的呀？"

我抬头看了他一眼，说："我今年23岁。"

他有点慌，说："哎呀，我不是那个意思你别误会。"

我想好吧，算我误会。

但是他过一会儿又开口旁敲侧击地感叹："你这么漂亮，肯定有男朋友吧？"

一听这话，我就知道为什么A会一再失败。他用这种毫无诚意的态度探听隐私，和请对方吃很便宜的饭是一个道理，摆明了就是不愿意主动向女方表示任何好感，不愿意有任何投入，哪怕是精神上的，就想要空手套白狼，要等对方的表现才决定自己是否采取行动。

这种试探的方式，除非男人的个人条件非常过硬，否则一定会试探到不愿意接受的结果。

像我这样遇到讨厌的人会明摆着一副"我没有男朋友，但也看不上你"的态度的女孩子是很少的。一般女性不中意对方，都会用已经有男朋友了来挡驾，这样，男方当然有一个下台阶的机会——"不是我追不到，而是她有男朋友"，以此宽慰自己。但他也不想想，世事都是有损有益的，他可以几乎毫无损失地全身而退是用什么换来的？当然是这样一次又一次的小失败累积换来的。

之后，我再也不对A的邀约有任何回应，今天拖明天，明天拖下周，拖了几次他也就明白，不再打电话来了。

中间人不明就里，还在我面前说过A很多好话，说A多么中意你云云。

我就一句话："绝不可能，想都不要想。"

中间人反复多次未果，也就偃旗息鼓了。

事情还没完，过了很久，中间人跑来问我："娃娃，你觉得A是不是很花？"

我说："对，非常差劲的一个男人。"

中间人说："娃娃你太厉害了，这样短的时间就能看出来。我和他做了这么多年朋友，都不知道他竟然有一个相处八年的女朋友，而且他女朋友为他打过两次胎，他竟然还对我们说他自己单身，一天到晚要我们给他介绍女朋友，幸好你没上当！"

我听了并不吃惊，这只是更加印证了众多女性的逻辑，在女性看来：一个单身男性，能够花钱的地方并不多，不需要化妆品，不需要护肤品，几件好衬衣、好西装就可以穿上三五年，如果一个男人在单身的时候还出奇地抠门谨慎，试探性又强，那多半是因为他的钱和精力有别的去向，不能虚掷半分的缘故。

女人生来就比男人多心，也许看到这篇文章的男性会骂我势利："没准对方就只认为你值49元。"这很明显暴露了一种坏男人自轻自贱的猥琐心理——请你吃多贵的东西就代表你值多少钱。姐妹们看好了，遇到类似的情况，绝对不要和他交往下去。

这样的男人，要么是不重视你，要么是没有常识，这两种都不是佳偶。

我们都知道钱是择偶中的一个加权值，绝对（注意这两个字）不可以等于零的，但并不代表它就重要得要命。

任何把钱的作用无限夸大或缩小的人，一定是认知能力有偏差的。

瞧不起钱就一定不会有钱，太看重钱就一定腾不出空去看重老婆。而连顿好饭也舍不得请的铁公鸡，以后也不会带来比便宜饭更贵重的价值了。

幸 福 爱

从 新 手 到 高 手 的 爱 情 修 习 课

不解风情的男人要不要

. . .

动辄动用巨量玫瑰来讨女友欢心的男人，头脑都比较简单，情商也不会太高。但更让人崩溃的，是那些所谓不解风情的"老实男"。

此刻的夏思婕就站在爱情的岔道口上，不知道是不是还要继续牵着她的阿楠的衣角，找寻未来的方向。

阿楠是邻居阿姨介绍给她的，两人算是通过最传统的相亲方式相识的。

夏思婕对他的第一印象挺好——高大的身材，清秀的外貌，个性善良，有技术，收入稳定……按时下流行的话说，他是只热门股。

阿姨对她说："现在的男人，老实的太少了，十个有八个花花肠子，像阿楠这样老实的男人不多了。"

可是，几次接触下来，夏思婕对阿楠的老实却有了另一番解读——不解风情。

他们现在已经交往半年了，了解得也差不多了，是继续交往下去，然后结婚，还是趁着涉足不深抽身出来，夏思婕拿不定主意。

女孩子天生都爱浪漫、爱幻想，谁也不愿意整天对着一个木头人。可是，阿楠就像是木头人。

刚认识的那一个月，他还努力装装样子，知道下车要为她开门、约会后送她回家，后来慢慢熟了，他也不去在意一些交往的细节了——他会为了晚上的球赛而不接听她的电话；他走路的速度很快，从不配合女友的步调，害得夏思婕每次都要一路小跑才能跟得上他；甚至走在外面，每次夏思婕想拉他的手时都会被拒绝，说是大街上人太多，不好意思……天哪，怎么还有这样的人？

夏思婕简直被噎得说不出话。有时她气急了，使出全身解数逼着他说甜言蜜语，他总是一脸无辜地说句"说不来"就把她打发了。

夏思婕觉得阿楠什么都好，就是总让她的满腔浪漫碰上冰。

她很苦闷，不知道这段爱还要不要继续，这个不解风情的男人能不能要。

她实在不确定如果往后的几十年里都要和这个木头人面面相觑，她能否撑得下来。

平安夜是夏思婕给自己，也是给阿楠的最后机会。

这一次她提前一周告诉他无论如何一定要准备好圣诞礼物，在之后的一周，她在电话中有意无意地说女孩子都喜欢玫瑰花，说现在哈根达斯是爱情的见证，甚至说要是哪天还能吃到童年的棒棒糖就好了。她精心安排了通宵场电影，期待着会有惊喜。

可是，惊喜依旧没有出现。

那天晚上，阿楠匆匆忙忙赶过来时电影已经开演十分钟了，他说临出门前公司网络出了故障，结果来不及买花，棒棒糖也找不到，只好在影院门口抱了一桶爆米花进去。通宵场电影是四场连放，可是阿楠一场刚过半就在夏思婕身边睡着了。

夏思婕一粒接一粒地吃着爆米花，黯然无语。

不知道姐妹们注意过一个很奇怪的现象没有，有的男人明明对女朋友吆五喝六的，而女方却觉得很幸福；有的男人看起来对女朋友好得要命，女方反而觉得很不舒服。

这个现象也是夏思婕和阿楠问题的症结所在：也就是在"他所想的""他所表现的""你所感受到的""你所认为的"这些情况中间隔了很多层次，到底应该以哪一个为准呢？

最佳答案当然是以你所认为的为准。

原因有两点：第一，客观地说，有些男人确实比较迟钝，期待他主动浪漫好比期待小狗不经训练就会到固定地点便便一样不现实；第二，人心隔肚皮，无论买花还是不买花，浪漫还是不浪漫，说的都并不一定是他所想的，做的也完全不见得是他愿意的。

他的原始出发点谁能知道呢？只要结果好就可以了。

所以最好的办法就是要求他去做，告诉他这样你会开心，要求他一定要做到。

男人可以说自己听不懂暗示，但是在明示后，他倘若还继续"不好意思""说不出来"的话，我觉得不是他不懂讨这个女人欢心，而是不愿意讨她欢心。这个"不愿意"中体现了一些什么因素呢？

个人理解为以下几点：不够重视她，不愿对她付出，不够爱她。

且多半是因为觉得这样安抚她，比起让他冒一点小险、丢一点小面子、折损一点自尊、放弃一些大男子主义来得方便。

当他认为已经吃定了她时，就会觉得已经钓到的鱼犯不着给饵，料准了她不会因这点小事离开。当然这也能理解——明明能花100块买到的东西，谁会主动付101块呢？

所以，如果遇见阿楠这样的男人，直截了当地提出要求还不够，一定要告

诉他事情的严重性——我在乎，可能你觉得无关紧要，但是我在乎！

如果他坚持不愿意，说真的，咱们就可以让他滚蛋了，因为他根本就不在乎你。

当然，要求他去做也不见得会让你心情大好，但是，至少不会让你心情不好。

就像我说过的，在爱情中我们要平衡参数做出选择，不解风情和木讷不是什么了不起的大罪过。

如果一个男人哪里都很好，只有这一点让你无法忍受，那么你要尽快做出判断：他的这个缺陷比起其他优点而言值不值得你忍耐？如果不，拜拜。

如果你确实觉得不能就因为这个放弃一段感情，那么好吧，培养感情就像养小狗，规矩默契都是调教出来的，如果你用了心，认真沟通、坦诚建议，那么总有办法让事情两全其美。

姐妹们，要随时告诉自己，遇到好的男人，一开始就要训练好，不然随着时间的流逝，你会愈发没有筹码的。

谈恋爱是做乘法，不是做加法

...

　　一个叫陶陶的姑娘，爱上了自己的导师。

　　导师比陶陶大20岁，大三的时候听他的课，陶陶被他的学识和气质深深吸引，于是经常找机会向他请教问题，为的是引起他的注意和赏识。她心里明白，这种单相思的爱情多半是徒劳，而且他肯定结婚了。畅想和矛盾交织于心，她觉得一半甜蜜，一半深受折磨。

　　听完他一学期的课，见面的机会少了，于是她更加发奋地学习，以转移对他的注意力，希望通过考研之路离开这种诱惑。

　　却没想到天意扰人，陶陶毕业论文的指导教师偏偏是他，陶陶暗自责怪自己选了他擅长的课题。

　　总之，他们又有机会接触了。凭陶陶的直觉，导师对她也是有好感的，但她又不敢妄想，生怕自作多情，继而自讨苦吃。

　　有次他邀请她去他家，说要讨论一下论文的初稿。结果两个人的聊天很快离题万里，谈笑风生中渐渐涉及对爱情的看法，导师盯着陶陶，连说很欣赏她，更喜欢她性格里的一丝别人难以察觉的忧郁。

事情悄悄起了变化。陆续飞来一些微妙的信息，搅得陶陶心绪不宁。有传言说，导师已经离婚两年了。

毕业的时候，导师特意约陶陶出来吃饭，意在为她送行——她要去别的城市了。

陶陶觉得导师是怀着一腔柔情在跟她说话，临别，导师叮嘱她一定和他保持联系，继续一同探讨学术问题。

陶陶很珍惜每次与他的通话，每次电话交谈都仿佛是对他俩爱情的推进，再后来他为她写诗，很快发展为疯狂的追求。最后，陶陶认真地答应了他回去和他在一起。

可是，真正回去了之后，两人的感情却屡屡遭受现实的折磨，这是陶陶始料未及的。随着她对他更多的了解，以前她所不知道的他背后的故事，像黑洞一样困住了她。

有一次陶陶问及导师前妻的事情，不想导师却表现得很不耐烦，觉得陶陶不可爱，胡搅蛮缠，他认为过去的事情已经过去，没必要追问，只有心里有鬼的人才会好奇。

但陶陶时常控制不住，总是很想了解他的过去。为此，他们经常争吵。导师是陶陶的初恋，而他却有那么多故事，陶陶心里觉得不平衡。

一次偶然，陶陶还发现他的手机里有几条略带暧昧的短信，他说那是一些小女生跟他开玩笑的，要她把她们当作自己的粉丝，不要在意。

但陶陶心里万分矛盾，一方面自己爱着他，却不能坦然接受他的一切，总觉得他是个令人捉摸不透的男人；另一方面，陶陶内心深处也担忧，将来两个人结婚了，自己也未必能驾驭他。

更叫人头疼的是，陶陶的父母坚决不同意他们的婚事，母亲有时候会偷偷掉眼泪，觉得陶陶的选择和任性让她伤心。陶陶左右为难，日日处于焦灼之中，甚至心里萌生出放弃爱情，换个城市生活的念头。

要我说，这个导师，能够在美女如云的校园里对一个普通学生"下手"，同时还拥有那么多"暧昧短信"和"粉丝"，不能不让人疑心这是一个惯犯。

他离婚，一定不是因为陶陶。

这个年龄的男人离婚虽然不是什么奇事，但前妻，一个和他差不多年龄的、已经进入"豆腐渣"阶段的中年女人肯对他放手，百分之百是因为这个男人身上有她所无法容忍的重大缺陷。

谈恋爱是做乘法，不是做加法，他的各项优点缺点都是以乘法来得出最终数字的，如果他有重大缺陷，即使其他方面再好，所有数值乘起来得出的结果也远远小于一般人。

他对离婚这种事情讳莫如深、放不开的态度，要么是因为他自己心虚，要么就是他认为陶陶太不成熟，没必要跟她解释这些。

大了陶陶整整20岁的他，阅历、生活经历、道德观、价值观等方面都与她有较大的差距，两个人根本就不是一个星球的人嘛。

成熟的他想要哄哄陶陶这样不谙世事的小女生简直易如反掌，所以陶陶才会一个猛子扎进了他的怀抱里。

但是得到陶陶之后他又是怎么做的呢？

一个人有故事不是问题，他的身上可能带有之前遗留下来的伤害这也不是大问题——只要你了解了他故事的始末、看到伤口何在，凭自己的真心和爱意总是有办法抚平一个人过往的伤痕的。

问题是如果他不肯对你开诚布公，以"都过去了""你还小，你不懂""你知道这些干什么"之类的言辞敷衍你，甚至是欺骗你，那么你就要仔细考虑一下了：他到底愿意为你付出多少？

而且，他尊重你吗？现在去买个东西，作为消费者还有知情权呢，这是在谈恋爱好不好，关乎两个人一生幸福的大事，他凭什么要求别人容忍他藏起一半的自己？

话说回来，至于陶陶对他才华的"倾慕"，说到底只能算作青春期少女莫名的崇拜冲动，崇拜是一种需要距离的情感，那跟爱差得很远。这也是在较大年龄差距的恋爱中，少女们最常犯的一个错误。

当大家在生活中短兵相接时，你看见曾经风度翩翩、高高在上的他忽然降下格来，竟然是个臭袜子满地扔、喜欢上厕所抽烟、一边吃饭一边吧嗒嘴的主儿，我想任何人都会听到"咣当"一声满心梦想破碎的声音吧？

爱一个人是接受他的一切，包括身前的过往和身后所有的臭毛病，陶陶做好这个准备了吗？

女孩普遍容易犯的一个错误就是把自己当作世界中心，不切实际、耽于幻想，甚至拒绝去研究和挖掘感情的真实层面。

但是有句俗话不是说，长翅膀的不一定是天使，也有可能是鸟人。

跟有故事的男人在一起真的要当心，一发现自己有可能充当小三的角色时，迅速分手是避免更多内伤的最好方式，相信自己吧，你会好起来的。

从新手到高手的爱情修习课

当我们爱上大叔

有一个自小学古筝的大三女生，我们姑且叫她小W。

小W是个气质很温婉的女孩子，皮肤白皙，眼睛水汪汪，追求者一向众多，而好脾气的她，总是拉不下脸来拒绝身边的追求者。

每次有人邀约她出去，她都不知道怎么回绝，日久天长，她身边的追求者越积越多，只要她出去表演，就会有一些比她大十几二十几岁的男人开着车来找她，甚至到校门口等她。

时间一长，小W背后开始有同班同学指指点点，说她不检点，招蜂引蝶。连初吻都没有过的小W很委屈，怎么办好呢？不懂拒绝的小W找到了我。

她说："我很想拒绝他们，只是不知道怎么开口；另外，他们看起来都那么真诚，万一我错过白马王子怎么办呢？"

两性专栏作家连岳曾经说过这样一句话："男人年龄越大，越像一只贪心的狗，总想伸出舌头来舔二十多岁的小姑娘。"

连岳的话真是话糙理不糙，充分形象地说明了男人和女人之间择偶年龄的不对等。

一个男人30岁甚至40岁，找一个20岁左右的女孩子是被社会普遍接受的现象，而反过来一个40岁出头的女性找一个20多岁的男朋友则不太会被大多数人所接受。

这一点的背后折射了一个怎样的问题呢？

一个男人，他可以20岁不结婚、30岁不结婚，直到玩到40岁出头了，再考虑找个年轻漂亮的小姑娘都可以。

作为一个年轻甚至漂亮的女孩子，在你18～30岁期间，你所能遇到的男性追求者中，遇见白马王子的可能性几乎占了一大半。在此之前和之后，你都比同龄的男性更不容易找到合适的对象。

也就是说，女人的花期比男人绚烂，追求者更多，但是时间也更短暂。女人的择偶期来得非常早，又非常短，短得稍纵即逝。所以你必须炼就一双火眼金睛，才能在比他们更短的时间内挑出最适合你的对象。

所以，拒绝大多数不怀好意的老男人吧，因为在你的一生中，你的白马王子最多只会出现一两次。

当然，我不能说40岁尚未结婚的男人心理一定是扭曲的，但是如果你非要在20多岁的时候挑选一个接近40岁的男人，那么宁愿选择一个离异的，也别选未婚的。

因为这样的人与一般的社会人确实不一样，就像你去买水果，表皮的霉变多半预示着里面也同样是腐败变质的。不要找年龄太大的男性，这对你只会有好处。

同样，有一个很惹人疼爱的大一的小妹妹，突然告诉我说她找了一个年龄很大的男朋友。我急忙问她："多大？"她说，整整大她15岁，现在36岁。

我立即很紧张地问："你们认识多久了？"她说大概一周多。

我又问："你和他XXOO[1]了吗？"

她说："还没，他有这个意图。"

我问："你爱他吗？"

她说："不是很爱，不过他很喜欢我。"

我问："他说过爱你吗？"

她说："没说过，不过他打算带我见他父母。"

就这样你来我往地聊了好久，我问了一个关键的问题："他怎么评价你和他之间的年龄障碍？"

她说："他老觉得我挺精的。"

我长吁一口气，说："你们还是赶快分了吧。"

一般而言，男人比女人大个3～8岁是合适的，再往上就有点悬了，除非两人都有心理问题，一个喜欢萝莉，一个缺乏父爱。不过哪里有那么巧的事情呢。

物至反常则为妖。一个36岁的男人，固然比身边青涩的小男生懂的多得多，也招女孩子喜欢，但这个年龄的男人，不正经地考虑结婚的问题，而是找一个比自己小那么多的女孩子谈情说爱，一定是存在问题的。

一般而言，男人找一个比自己小了整整15岁的女朋友，不外乎是因为：你年轻，见过的世面不多，还不懂得花他的钱，他付出的成本相对很小；你年轻，尚且单纯，不会花费他太多精力，他可以轻而易举地把握你的情绪；他不会被你逼婚，他可以名正言顺地逃避婚姻的责任，尽情享用你的青春。

男人到了36岁，事业和世故都应该已经到达了一个巅峰，对比起年轻女孩身边的毛头小伙子们，他们事业有成，稳重成熟，也会哄女孩子开心。再加上大多数女孩子都是有点小虚荣的，所以对于这样的男人很少有抵抗力。

[1]指男女间发生性关系。网络用语。

但女孩们需要好好地考虑一下：虽然眼前这个男朋友看起来的确不错，但是，以后呢？你能和他考虑婚姻问题吗？

且不说对方心里打的什么算盘、你们是否能走到那一步，单说若真有一天木已成舟，那么等到女孩子30岁一枝花的时候，男人都已经年近半百，"性福"问题姑且不论，你能忍受人家把他当成你爸爸吗？

你能？你现在说能！这说明你把婚姻当成了镜花水月，完全是在以看童话故事的心态去看待人生。

当你有朝一日还奋斗在人生的巅峰时期，一转头却看到家中一个半老头子整天在琢磨自己的养老问题——那个时候，你才知道年龄的差距带给生活的障碍究竟是些什么。

再回过来说，36岁的男人，还没有稳定的感情，整天这么漂着，找一个没有多少可能的小朋友，这本身就是问题——很大可能就是他没有成熟的感情观，而且可能在年轻时受过小女生伤害，抱着哪里跌倒哪里爬起来的心态，对年轻的女生有轻微的仇视和强烈的占有欲。

　　用"精"字来形容一个比自己小那么多的女孩子，他还真好意思，这明显是在给自己寻找不负责任的借口。

　　当然，最好的可能性，就是他真的深深地爱着你，这份爱突破了年龄的代沟、世俗的眼光和社会的自然规律性。真的遇到这种情况，我收起所有的理论，唯有给予祝福，世界不会怪罪相爱之人。但是你怎么知道他的感情是否真诚呢？请你思考以下几个问题：

　　1.他对你是惯还是爱？爱是鞭策，如果鞭策无果就会失望；惯是娇惯，娇惯到一定时候就会变为嫌恶。

　　2.他给你买过的最昂贵的礼物是什么？注意：不要以你的生活水平来衡量，要以他的生活水平来衡量。看他给你买的礼物占据他自己收入的百分比是多少。从这一点可以看出来他是把你当玩具还是当爱人。

　　3.他周围的朋友是否都认可你？他的女性朋友是否对你有敌意，是否能和你平等交流，而他的男性朋友是否尊重你而不是纵容你。从这里可以看出他到底为你树立了一个怎样的形象——是宠物还是伴侣。如果你从来就没有见过他的朋友们……好吧，他完全没有把你带进自己生活的打算。

　　4.他是否有和你长期在一起的打算？"我要和你结婚"是一句屁话，你要知道的是他对你的未来和你们的婚姻是否有实事求是的、详细的、长期的规划，有没有考虑到可能出现的障碍和问题，对于两方父母的认同是否急切。这些，作为

一个大你这么多的男人，如果他不主动提出，那么你已经可以在心里打一个问号了，如果你问过之后他的回答仍模棱两可，或者是空中楼阁，那么我想女孩子们自己也能判断得出这个男人是把你当成了长期伴侣还是短期合作伙伴。

5.他是否急于占有你？你要知道，他是成熟的男人了，成熟的男人如果觍着脸说自己没有在性方面的自控力，那么唯一的解释就是他不够尊重你。他知道你年轻，如果他真爱你，为了避免惊吓相对他而言不成熟得多的你，他会竭力控制，从这一点可以看出来他是把你当发泄品还是心爱的人。

最后，送给与小W和陶陶情况相符、纠结在忘年恋中的MM们一段话吧：我之前说过越斗越爱，因为只有棋逢对手才能拆解出一盘好棋来，我祝福所有以真爱为起点的恋情，但是真的不支持MM们因为冲动和耽于一刻的甜蜜就交出自己的一生。

门不当户不对，或者身份年龄太悬殊的恋爱，开始都像童话、像传奇，可最后你会发现，它们绝大多数都是一部恐怖片。

姑娘们，我们时间有限，从头到尾看完一部可能给自己烙下深深伤痕的恐怖片，实在是太浪费青春了。

婚姻不是选择题

···

小叶今年26岁了，虽然有个月薪过万的男友，可是男友家庭条件不太好，他每个月的薪水有大半都要贴补家用，自己的日子过得挺紧张，甚至有时候还需要小叶援助。

所以当男友提出结婚请求的时候，小叶犹豫了。

对于男友这个人，小叶其实也非常犹豫，可以说是喜欢和不喜欢的地方各占一半。

她心里想嫁一个条件更好一点的男人，并且自己也很有自信，但是毕竟两个人在一起相处六年了，小叶对他也比较有感情，下不了就此分手的决心。

可是小叶知道，婚后的人生不像交往时那么随便，可以一包泡面两人吃，到时候要背负起一个家庭和对方一双父母的责任，所以她心中犹豫不决，不知道该怎么办。

小叶的犹豫可能被一些人指为势利、虚荣、没良心，但我倒是觉得她的考虑挺理智。

说真的，嫁人不像谈恋爱那么简单，而是要柴米油盐地过日子，添了孩子之后，需要考虑孩子的养育问题。

经济方面如果不能有所改变，肯定会更加捉襟见肘，再过一段时间，还要考虑老人的养老问题。

这期间，倘若两人中有人或者双方家人中的谁有了什么大病大灾，那么对小家庭的经济状况走势就更是巨大冲击了。

在这样的权衡当中，双方的家庭因素和自己的实际能力是否能成正比，你是不是真的能负担得起、接受得了婚后的种种问题，当然是非常重要的考虑因素了。

小叶的男朋友外表光鲜体面，但其实家庭方面有很沉重的负担，小叶顾虑到这一点向我提出问题，本身已经说明她为将来要担负的责任考虑过。

虽然她很怀疑自己这段感情能否敌得过虚荣心和生活琐事的不断侵袭，对于抵抗住那些突如其来的恶劣风暴更是没有信心，但这已经是一种成熟女人的思考模式了，比那些"只要能爱到地老天荒就算每天窝头咸菜也甘愿"的小MM靠谱了很多。

其实小叶的问题根本不在于拜金不拜金，而是在于她很怀疑自己是否能拥有好的生活，是否能找得到更好的男人。

她问我能怎么办，问我她是否应尝试多一些的男人再考虑婚嫁？

我说如果你能年轻10岁才有资本这样考虑。

有一点很重要，不要习惯了他的一些你已经习以为常的好，就自认为下一个也是同样的好，还希望能在"好"之上加几个更好的砝码。

下一个人是全新的人，这个人对你而言完全是未知数，他可能不懂浪漫，可能不够体贴，可能有遗传的精神病史，甚至可能性能力超差……

不要以为自己会是永远的幸运儿，你下一个找到的，未必比这个强。

因为就一般情况而言，男人在35岁前是在不断升值的，而这个年龄段的女性却在不断贬值，倘若两个人差距越来越大，男方就不会接受同样年龄的女性了。

　　我建议小叶还是多听听朋友们对你们之间关系的看法，特别是以前并不讨厌他的、你身边的女性朋友，和对你完全没有男女之间想法的男性朋友，再对自己打个八折来平和地看待此事吧。

　　朋友们眼中的你们之间的感情最务实也最不掺假，如果你们在他们眼中是天仙配那就不要左思右想，赶紧抓住他嫁了吧。

　　否则要是你们分手了，你一路落魄，他却找了个更好的女朋友，我想按你的性格应该不会诚心地祝福他们吧。

　　当然，如果朋友们认为你们不合适，那可能就真的是你在勉强自己了。

要嫁给男人还是嫁给生活

. . .

在北京、上海等房价高涨的城市，有许许多多年轻男人的烦恼是暂时买不起房子结不了婚引起的。

同样，也有许许多多年轻女人的烦恼，是因为有了房子却无法在产权证上写下自己的名字。

一个叫作小乌的年轻女孩写信告诉我，她和男朋友吴楠准备结婚了。

房子是吴楠的父母在城郊买的三居室，但因为靠近地铁，交通还算方便，所以总价也不便宜，一共120多万。

他家当时总共能拿出的积蓄只有90多万，所以剩下的钱就准备以吴楠的名义向银行贷款。

小乌得知此事后，她父母提出由他们家拿出另外的30万，把房款出齐，然后产权证写吴楠和小乌两个人的名字。

可是吴楠的妈妈却不同意，说："买房子是男方的事情，哪有让女方出钱的道理。现在年轻人谁买房还不贷点款呢，没什么的。"

小乌的父母听了还心存感慰。可后来吴楠却吞吞吐吐地告诉小乌，说自己没想到他父母只在产权证上写了他们一家三口的名字。

"我们都有点傻眼了，觉得怎么能这么做事呢？先不说这个房子是我们俩的婚房，就说那个10年期的贷款，婚后还不是要我们俩来还？我男朋友的收入又不高，跟我差不多，他的钱用来还贷，日常消费还不是我来出？"

小乌的爸妈知道这件事情后也很生气，觉得吴楠一家人太会算计，说这个婚先不结了，除非在产权证上加上自己女儿的名字。

据小乌说，这件事后来闹了很久，她说男朋友是愿意把她的名字写上去的，但是买房的钱是他父母的，他做不了主，于是小乌觉得男朋友夹在中间两边为难实在很可怜。但同时，她也觉得很委屈，为什么男朋友不替她想一想？

最后，吴楠的父母提出，还贷的钱由他们每个月来出，不让两个年轻人还，但条件就是房产证上的名字坚决不能加上小乌。

小乌的父母看到未来的亲家做事如此决绝、一点不留情面，于是出于为女儿着想的心态，在对亲家的安排妥协之后，决定帮女儿出首付在市区供套小房子，婚后就由小乌供这套房，也算为将来的不定性做个打算，给女儿留条退路。

就在他们俩看好日子准备去登记的时候，吴楠的父母让他来传话，说是房子已经交了，装修和家电希望女方出钱，理由是他们现在没钱了，还说"反正小乌也要住进去的嘛"。

于是小乌在一气之下决定不和吴楠结婚了，可考虑到他们俩的感情，小乌犹豫了，她不知道该如何选择。

我想要告诉小乌的是：不要把你的男朋友想得过于无辜。

当吴楠告诉小乌房产证上只写了他们一家三口的名字的时候，她说"我们俩都傻眼了"。

对不起，我看不出来他哪里傻眼了，傻眼的是你，不是他。他表面为难，心里其实没准还在暗爽。

不要怪我不惮以最坏的恶意来推断别人。

回过头来想想，要是男方父母决定婚房只写未来儿媳的名字，谁敢担保他会和现在一样没有异议？

好吧，或许有人会自我安慰般地说他没准是愿意的，往最好的方面想，吴楠只是个没有自立能力的人，不光经济上是，精神上更是，根本没办法为自己的女朋友争取什么。

但是如果往更深层次去想，像吴楠父母这种摆明了就是自私自利的人，好处都是他们独享，这样的父母能教育出什么善良儿子吗？正因为目前已经有吴楠的父母唱红脸愿意为他出头，帮他做恶人，所以他才可以处处做个好好先生，将自私完全藏起来，可以让小鸟认为他也是无辜的。真正事到临头，恐怕小鸟只会目瞪口呆，发现真相有多么丑陋和残酷。

在两个人最相爱的时候都做不了主，都无法站出来维护自己将来的妻子的男人，很难想象日后要是小鸟和他的父母起了纠纷，或者是闹点小脾气的时候他会作何表现。

不忤逆父母的意思、言听计从，有人管这叫作孝顺，殊不知这种要命的"孝顺"正是让许多婚后女人痛不欲生的源头。

孝顺在每个时期都有不同的内涵和外延，在目前的形式下，一个成年人，很多事情早就应该由自己定夺和解决了，最不济也有站出来表明立场的余地。

而如果一个人连争取的努力都不做，甚至不肯表态，就非要借孝顺或软弱来变相胁迫你的话，那大概是他自己内心本来就是愿意那么做的，只是背靠着父母这棵大树，借他们之口来避免和你兵戎相见罢了。

常常有人状告有关部门不作为，你知道什么叫不作为吗？你知道什么叫默许吗？

要帮你争取，他是需要付出代价的，除非他觉得你并不值得他付出这么大的代价，或者心里压根站在别人的立场上，所以他才会选择不作为。

说到具体的问题上，如果吴楠足够爱小乌的话，完全可以提出尊重他父母，也体现出他爱小乌的方案。

比如说小乌父母给她买的那套房子的装修费可以由他负责，租赁的收益用来贴补共同的家用。

这样的话，像小乌这样心地纯洁的女性，当然也不会让他为难，甚至还会拿出些许私房钱为他们结婚的房子出装修费。

或者还有个解决办法——把装修和家电以及房子的全款全部加到一起算清楚各人的份额，做个婚前财产公证。

当然，做到这份上，我觉得这个婚有没有必要结，得好好想想。

人的精明算计是秉性，是不太容易改变的，双方都是这样的人则罢了，大家对着算去吧，大概谁也不会太吃亏；可要是有一方为此义愤填膺、满心厌恶，那你可要考虑好——结婚的1、2、3、4、5只是个开始，你究竟有没有把握能和这样一个人，甚至是一家子人和平共处一生一世呢？

幸 福 爱

从 新 手 到 高 手 的 爱 情 修 习 课

爱情从来没有死胡同

...

奈奈和她的男友是高中同学，早恋，16岁就在一起。其间，父母反对，师长谈话，都没能阻止他们要在一起的坚定决心。

高考后，奈奈考到了上海的一所高校，男孩则因为临场发挥不理想而在老家读一所不知名的专科院校。

但几乎每周，他都会坐四个小时的火车来上海看奈奈，一起过个周末，然后他再乘四个小时火车回去。

那几年，男孩的生活费几乎全花在了车票上，而奈奈在外兼职赚的钱，则差不多全花在了旅馆的住宿费上。

男孩的妈妈为了让两个人分开，曾经预言说奈奈人在上海肯定会变心，奈奈知道后明明白白地告诉这个男孩："不会的，这辈子我只会嫁给你一个人。"

男孩上的是专科，比她早毕业一年，当年就来到上海找工作，但始终找不到合适的。

那时他很沮丧，心理失衡之下经常对奈奈发火，老是说："一个养不起自己女人的男人，有什么用？"后来他爸妈让他回家，托人给他在老家的事业单位里找了份工作，工资待遇、前景都很不错。在奈奈的劝说下，男孩回老家工作了。

而他们两个人关系中出现第一次危机，也就是在这个时候。

男孩回家后的前几个月，都还坚持每两周来看奈奈一次，每个月都把工资的一半给她做零用钱，给她买礼物和衣服。

但是渐渐地，他来看奈奈的次数越来越少，虽然还是定时把钱打进她卡里，但每次给奈奈打电话都说不了几句，偶尔还有短信不回的情况。

于是，奈奈立刻就觉得，一定是出问题了。

她当机立断地坐火车回了老家。找到他的时候，他在一家咖啡馆里，一个女孩刚刚离开。

他敷衍地说："是单位领导给介绍的，我妈非逼着我见见。"

奈奈说当时心里愤怒得都想把这个男的给杀了，但还是保持着平静问他："那你自己呢？你喜欢她吗？"

他抬起头看着奈奈，说："我不喜欢她，我只爱你。但我不知道以后……"

奈奈便一字一句地告诉他："我现在就告诉你以后，我毕业就回老家工作。"

奈奈为了保卫她的爱情，拒绝了正在实习的公司的offer（录用通知），毕业后果然回了老家。

但是她的专业在老家找不到好工作，只能在一家工资还不及男孩的单位上班。

七年的感情基础还是有的，男孩很快拒绝了同自己相亲的女孩，又回到了她身边。

可想而知，男孩的妈妈恨死奈奈了，因为那个女孩是公务员，是她的理想儿媳妇，她坚持不肯承认奈奈，一直要他们分手。

比起高中时代对家长的激烈反抗，男孩现在变得懂事孝顺，也不敢公开忤逆他妈妈，一直在他妈妈和奈奈两个人之间左右应付。

此时，奈奈在上海的朋友刚好给她介绍了一个不错的工作。她的男友劝她不必委屈自己，希望她能按照自己的意愿去上海发展，等他再工作几年，有了一定积累，就来上海跟奈奈在一起，然后买房、结婚。

他说："在老家，有我妈妈的影响在，我们真的没什么希望。"

奈奈不知道他是不是在撒谎，不知道能不能相信他的话，这个"几年"到底是多久？他是不是已经不想跟自己在一起了？

她不知道是应该留在老家继续等他，还是为了自己的事业去上海发展。这几年的感情究竟该何去何从呢？

在查阅了美国著名情感专家葛瑞哥·贝伦特的著作之后，我查到了奈奈现在所遇心理问题的学名——罗曼司美化症。即沉迷于制造心中的完美爱情，即使男人出现恶行恶状的征兆，也视若不见，还无限度地帮他找借口；对于分手总是犹豫不决，幻想着种种从头再来、破镜重圆的可能，不愿重视关键的一点：他其实没那么喜欢你了。

不要说以前怎么甜蜜、怎样抗争，只要他开口劝你不必委屈自己，其实就是让你不要再为他付出。不要再为他付出的意思，就是他已经开始怀疑自己是否能够承担起你付出所需要的回报；怀疑自己的意思，就是他已经开始质疑自己是否依然那么爱你，是否还愿意不计一切地对你付出感情了。这和"比起高中时代对家长的激烈反抗，男孩现在变得懂事孝顺，也不敢公开忤逆他妈妈"其实是同一个问题的两个侧面，意思都是在说，他对你的情意已经在逐渐消退，失却了以前的精度和纯度，更有可能，他已经有别的心上人了。

我们不要将撒谎这个词说得太明白，这样或许会让你觉得难受，进而难以接受。事实是，无论他说了什么，真相只可能是以下两种情形：

1. 他认为你的意愿就是去上海发展，而不是和他在一起；

2. 他明明知道你想和他在一起，却要找个借口把你支去上海，让你在新环境里逐渐模糊掉他的存在，忘掉他这个人。到头来，他会在回忆中笑着说："是她对不起我在先，不过我已经原谅她了。"

聪明的你要知道，当他舍得离开你，或者舍得让你离开他，让你有寻找别的男人的机会时，他已经没有之前那么喜欢你了。男人的占有欲通常和爱紧密相随，有占有欲不一定有爱，可是连占有欲都没有，那就多半没有爱的存在了。

只要看过任何一本有关两性心理的书，你都会了解：让男人告诉你"我们分手吧"，永远比登天还难。他们总是喜欢拖着，逐渐冷淡，让女性受不了从而主动提出来，这样他们心里可以自我安慰说："是她对不起我，我可没做错什么。"

为什么要放你走开，为什么要还你现在？一定是因为他不能、也不想逼迫自己再给你未来。

PUA识别指南

. . .

PUA，全称是Pick Up Artist，在中国台湾被译为"把妹达人"。

有一部比较小众的美剧，谈了一个"迷男"，虽貌不惊人，却深谙女性心理，不光出书教导广大男青年如何把妹，更是在电视上现身说法，教导众人如何才能最快速度地追到女孩。

这种男人，对大多数女同胞来讲当然不是个好男人。想想看女方沉浸在浪漫的童话、韩剧中时，白马王子们却都在研究捕猎的手法，这是一场从一开始便男女不公平的对决。

PUA一般都隐蔽得很深，具体分为很多型，有"浪子回头"型，有"不断被辜负"型，有"从未遇到真爱"型，有"不被理解"型，还有"只有你知道我的苦"型。

无论哪种类型的PUA，他们给你最大的感觉就是特别、与众不同、浪漫。

他们的背景可能平淡无奇，也可能做着一份普通工作，但他们会不断给你惊喜；在性格上，他们要么特别合群，要么特别不合群；他们对大多数男性持蔑视的态度，没有心目中的男性偶像（人格偶像）；他们最大的特点就是有很多出众的特长，不限于唱歌或打台球等明显需要长期练习才能显得出的特长；他们通常很擅长引导女方的情绪，当你不快的时候，他们能很快地让你从这样的状态中摆脱出来；在两个人独处的最初，他会表现出那种"不被世人理解"的痛苦，也表现他的脆弱，恰巧这份脆弱又是那么让人心疼……

好了，姐妹们，醒醒听我说，他的这种故事之所以能打动你，一定是因为已经打动过无数女人。

就像相声大师，他的段子一定都是再三练习过的，只有那些不断在失败中提取的最大亮点，才会获得满堂彩。

可怕的是，PUA异常适合身患公主病与仙女病等无病呻吟的女人。

他们多数都表现得像小说中的王子，很体贴，能够留意一些极其微小的细节（甚至包括你手指甲的图案，或者你对水果沙拉中某种水果的偏爱）并加以发扬光大，让你深觉这个人太体贴、太合意了。

我们这样说吧，但凡一个男人，长相和财富并不出众，看起来甚至有点老实，从不让你觉得反感，很细心，有着特殊才艺，懂得制造惊喜和浪漫，又有极强的语言表达能力，做一切都恰到好处，火候掌握得刚刚好，在交往的最初就让你有揪心地想疼爱他，或者不断去猜测他行为的冲动，那他就有70%的可能是一个PUA。

高级的PUA只喜欢美女。

在PUA眼里，美女和女人并不是一种生物，搭讪技巧和把妹技巧只有方法之分，没有难易之分。初级PUA不挑女性，所有的女性都是他的猎物，而到了高级阶段，就把"色"视为首选要素。

姐妹们注意了，只要你是一个美女，咱们就要有身为一个美女的自觉，不应当做出具有高度可替代性的行为，以免给对方可乘之机。

　　所以，如果你是美女就更应该对周围的搭讪者和貌似非追求者保持多一点警惕性，因为他们很可能是PUA。

　　在PUA眼里，有一大套的技术和方法能够建立吸引，如冷读（初次见面猜测你的行为和心思）、打压（轻微但负面的表示，用来让目标解除心防，质疑自己的价值）、孔雀（自我展示）、推拉（忽冷忽热，让人琢磨不定）、服从性测试（交往过程中让对方做一些事）、冷冻（故意冷落对方）……他们惯于将这些技巧用于和任何女性相处中，以推倒为最终目的。"不要比女人投资更多""即使你再喜欢她，也要让她觉得你是她所中的大奖"……这些都是PUA常用的座右铭。综上，为什么要躲开PUA？因为PUA是普遍不相信有真命天女存在的一类人，他们总是冲着你的外貌来。

　　古语有云：以色侍人，色衰而爱弛。一个冲着你外貌来，又没有把一颗心完全放在你身上的男人，我个人认为不是美女的归宿。

　　附：最能体现PUA技巧的，也同时最令人反感、最容易识别的行为是打压。很多PUA行为如孔雀、冷读、进挪（牵你的手，抚摸你的头发），都是恋爱中的男性自然而然会呈现出来的。只有打压和冷冻等行为才是反常的，专属PUA。而这种行为由于显得与众不同而对美女特别有杀伤力。

　　我先说一个打压成功的实例：

MM："别人都说我长得漂亮。"

GG："细看倒还行，不过得需要细看。"

MM："啊？我长得不漂亮吗？"

GG："还行吧，我给你打八分。"

MM："嘿嘿，我说嘛。"

GG："我说的是百分制哦。"

MM："去死吧。"

GG："好吧，请我吃肯德基撑死我吧。"

在这里面，GG成功地反复推拉和打压了一个原本漂亮而且很有自信的MM，实际上他完全可能是一个很不怎么样的男人，只是用这种方式来引起了MM的注意而已。

我个人认为真正配得上MM的男性，是不需要用到打压技巧的，因为根本没有必要。你要想想，一个男人为什么要打压你，当然是因为他是一个低价值男性，为了显得并没有被你的美丽外表所打动，或者为了显示与众不同，为了给你一定的挫折感，为了让你觉得他们没有那么配不上你，所以才会费尽心思打压你。就好像买不起古董花瓶的人，会想方设法贬斥古董的价值，到处说它的不是，说卖家的不实诚。

MM们要记得，嫌货人才是买货人。他们之所以接近你，当然是因为他们喜欢你，他们要觉得你不好，根本懒得理你。

我再说一个反打压的成功案例：

MM："别人都说我长得漂亮。"

GG："细看倒还行，不过得需要细看。"

MM："啊？难怪我朋友说你眼睛有问题。"

GG："好吧我给你打八分。"（其实聪明一点的PUA会说："那是因为最近我和你走得比较近。"MM则应回答："是啊，他们就说你以前眼睛有问题。"）

MM："八分制啊？"

GG："我说的是百分制。"

MM："啊，那多没创意啊，你奥数都没上过吧？"

GG："没上过……"

MM："我想我们可能不合适。"

对于女生来说，尤其对于那些自小便是万绿丛中一点红的美女来说，不能因为"追求"你的人对你突然冷落而感到不安。

你很可能遇到的是一个玩弄女性的高手，能够避开他们，是你的福气。

女人天生就应该被男人宠着、追逐着，倘若在你最美好的时候，却没有遇上狂热地追求你的人，而是那种总打压你、冷落你、推拉你、让你感到不安和恐惧的人在你身边像蜜蜂一般嗡嗡叫，那么赶快丢掉他吧，他绝对不是你的白马王子。

世界上大约有30亿男人，适婚又单身的条件好的男性少说有5000万，你每浪费一秒钟在他身上，就错过了五个。

再嘀嗒一声，又错过五个。

PUA体验篇：拒绝街头搭讪吧

女生S，21岁，长相出众，口才绝佳，就读于国内某所重点高校，是学校的学生会干事，在校园里属于锋芒毕露的人物。

女生H，24岁，做过兼职模特，毕业后在某跨国企业工作，手下管着一帮研究生，深受老板器重。

而这么两个才貌俱佳的美女，竟然在同一天先后向我抱怨，身边没有合适的人。

她们中意的对象，多数都被早早预订。

她们瞧不上眼的人，竟然跑来对她们说："你太好了，我不敢追你，如果你今年30岁没人追，或许我会夯着胆子来追你。"

她们为之气结。瞧着身边的朋友成双成对，S和H表现出无比的忧心，所以当我告诉她们不要接受搭讪的时候，她们不约而同地向我表示不行。理由是：身边男人不是花心就是猥琐，甚至有的工资还没自己高，如果再不接受搭讪，就根本没有认识男人的途径了。

我想说，如果把美女比作一个青瓷花瓶，那么买的人当然没有买马桶的人多。因为前者是艺术品，后者是生活必需品。

前者的价格决定了它们不会被太多人所接受。像你这么好的女孩子，自然不是任何男人都可以一亲芳泽的。

你这辈子，只需要嫁一个男人而不是多个，倘若你每只青蛙都要吻一吻，还没有亲到王子你就被传染上寄生虫了。

拒绝大多数，对你而言是最好的策略，男性实际上并不太喜欢易于接近的女性，他们的天性里带有冒险和征服的因子。

拒绝路遇搭讪（不管是不是PUA）是每个女性都该做的事，一方面是因为人的共性大于个性，如果你在身边的那么多人中都很难有看对眼的对象，搭讪得来的也未必见得好到哪里去，很可能和你身边的张三李四其实是一丘之貉，只是蒙上了一层面纱，显得比较神秘兼吸引人罢了。

另一方面，路遇的人永远都不会太可靠。和普通的人际关系不同，路遇是无法当即了解对方背景的。

没有共同的朋友群和人际圈子，没有后顾之忧，完全就是培养ONS[1]的天然温床。

陷入恋爱中的女性总是会很傻，做着麻雀变凤凰的大梦，她们从来不会想到面前的这个人是骗子。

只要看到对方行为儒雅或出手阔绰便会迷恋上对方，倘若对方给自己再发出一点信号，就更会不由自主地深陷其中。

他们要玩弄你，甩掉你也是分分钟的事，因此，在他对你表现出很大的诚意、很努力之前，一定不要急于接受他，不要做出太多回应。

PUA很强大的一点就是，他们专门骗平时被众星捧月的、高高在上的美女，美女也总是有种很奇怪的幼稚心理，觉得所有人捧着自己都是正常的，压根不会想到面前这个人是个骗子。这就给了PUA巨大的可乘之机。

[1]指一夜情，是英文One Night Stand的简写。

综上所述，我建议美女们不要接受任何陌生男性的搭讪和问路。

如果有人问你："小姐，请问去××健身房怎么走？"这就是想暗示你他是一个有情趣、有闲暇时间、注重锻炼的正经人。你可以答："对不起啊，我也不清楚，要不你问问别人吧。"然后微笑，快步走开。

对任何街头请求，除非是确有急事相求，否则让他去找别人。

如果遇到一个男人在服装店和你搭讪，对方说："你好，我刚从国外回来，想给表妹买件衣服做生日礼物，但是又想给她惊喜不让她知道，你身形和她差不多，能帮我试试吗？"

你就要回答："我倒是很愿意呢，可是我男朋友马上就要来找我了，我只能在这里逗留几分钟。抱歉了。"

除此之外，减少与PUA交集的办法还有以下几种：

1.尽量避免独自去酒吧等场合，要去的话也要和朋友或对自己有意思的男性一起去。

2.当别人向你索要电话号码的时候，微笑，说自己手机出问题了，记下对方号码，闪人。

3.除非你对搭讪者很有好感，否则不要理会他。当然，即使你对他有好感，也请你永远保持被动。如果他打压你，请毫不留情地反击；如果他冷落你，那么别理睬他，让对方心中先有不稳定情绪存在，这样你就能获得主动。

4.男性向你展示自己（孔雀）的时候，请温和但有技巧地回避他。

PUA实战篇：面对一直打压你的人

有一种PUA，看起来很自信，很自我膨胀，说话也总是以自我为中心，你和他在一起时，永远都觉得自卑，觉得有什么地方做错了。

MM，相信吧，这不是你的问题，只是你遇到的这种男人非常会利用心理战术来给别人制造压力。

他打压女人的逻辑很古怪，当然我们也知道没有人那么完美，所以他会想方设法证明葡萄是酸的，来显示他不那么饥渴。

对看上自己的人，他又有一套奇怪的逻辑，他潜意识里觉得：你看上我，跟了我，则你也很不怎么样。

这种人对清高和自我标榜的女孩子很有杀伤力，你和他在一起，就会竭力想证明自己是最好的，是清高的，是超凡脱俗的，是值得被爱的那一个。为了表达出这样的气质，你会不知不觉付出很多很多，多得超出自己的负荷和爱他的程度。当然，他也很喜欢打压除了他之外的其他男人。

在他看来，除了他以外，其他男人一定不好。他自己势利到骨子里，但不允许别人势利，除了他以外，你的选择都是很差劲的——当你选择了不如他的男人，他会轻视你，觉得你是错误的；倘若你选择了比他好太多的男人，他会对你嗤之以鼻，把你列入俗人名单，觉得你是势利的。

我建议，面对这种男人，姐妹们要标榜必要的势利才好。说实话，大家又不是穷苦出身的、想方设法向上爬的捞女[1]，何至于和这样的男人纠缠不清。

看上他本不是为了他的钱，要是为了钱何必看上他，是不是？

面对打压，很多女孩子会不自觉地迷失自我，开始自问：是不是我不够好？我真的不够好吗？倘若你这么想，就中了他的圈套。你要真是不好到了那样的程度，他连话都懒得和你说。还是那句话，嫌货人才是买货人，他要是对你全无兴趣，根本压价都懒得压。

这样的男人是一面哈哈镜，每个女人在他面前一站，都会被他认为是拉伸扭曲、彻底畸形的。越照这样的镜子，你越会不自信。要和这样的男人长久相对，只有一种可能，就是你自己无比扭曲又恰好符合他的style（品位），否则一定照不出个人样来。

[1]指一心想过奢华生活的女人。

幸福,爱

从 新 手 到 高 手 的 爱 情 修 习 课

利用性别优势建立吸引，
成为他最爱的那个人

女人的性别是有天生优势的。

当你发自内心地接纳、热爱自己的性别，

并充分运用独特的性别优势，

你就能在感情里享受女性身份带给你的源源不断的好处。

真爱你的人，也会爱你的素颜

...

　　其实我一直不太相信有24小时带妆的女人存在，但是确实收到了这样一个粉丝的邮件。

　　她年龄奔三，不算漂亮，但是很喜欢化妆，不上妆的话几乎不愿意照镜子。她有一个交往了两年多的男友，男友人很好，他们有结婚的打算。但夸张的是她从来没让她男友见过她素颜的样子。据她所说，那些因为几年前留下的青春痘痕，让她觉得缺乏安全感，甚至自卑无力。只有上妆后她才能从容面对男友。

　　但是她在该怎样面对男友的问题上困惑了。正因为如此，她从没在他的公寓里过过夜，再晚都要匆匆赶回来。她觉得化妆已经成为她身体的一部分，自己沉迷其中不能自拔。问我说她的男友能理解这样美丽的谎言吗？

　　追求美丽是人的天性和本能，不仅女人如此，男人更是。君不见几乎所有相亲对象第一句劈头都问"漂不漂亮"，所以"女为悦己者容"这个说法永远都不会过时。但是这个"容"字岂是简简单单的化妆就能诠释得了的？懂得面对真实的自我，培养自己的优雅气质和谈吐，多充实自己，比依靠化妆品的临时美丽重要得多。毕竟，你没有生活在舞台上。

女人可以用妆容美化自己，而智慧会帮你更大的忙，在适合的时机以适合的方式展示自己，可能会比每天化妆来得更巧妙。在一些场合，我们需要化妆，就像男性需要穿着正装出席重要会议一样；但常年带妆对皮肤的伤害是巨大的。要不怎么说演员是吃青春饭呢，再好的皮肤也经不住总是折腾。实际上，这位读者是在透支自己的美丽。

宁愿24小时带妆、自己活在自己的美丽谎言中的女人，已经有了轻度的强迫症倾向。严格地说，化妆并不能给女性的美丽带来质变，更多的属于稍有改善和起到心理暗示的作用。过度迷恋化妆，可能是在掩饰自己性格中自卑的成分，或者过于追求完美。平时缺乏充足自信的人，才会想通过化妆来掩盖内心的不安。

我从来不曾反对过女人化妆，但是真正爱你的人，会愿意和你素颜相见，而不会跟你同样都沉迷在美丽的谎言当中。不能容忍你素面朝天的男人，其实他不想和你永远在一起，而是只想同你最光彩照人的部分在一起。

想得到好男人，要学会藏住好身材

...

　　拥有一副骄人的好身材，大胸长腿小蛮腰，应该要秀出来吗？年轻的女孩子们（包括我）一向以为是的，但国外一项最新的研究表明，如果你想找个好老公、好男人，而不想变成别人的临时伴侣，不想被PUA盯上的话，问题的答案竟然是否定的！

　　因为最新的研究揭示：寻求短期交往的男性对女性的身材更感兴趣，而想建立长期关系则对相貌更感兴趣。

　　在这项新的研究中，科研人员向375位国外的大学生展示了一个女孩的照片，女孩的脸部和身体部分被隐藏起来，科研人员让学生考虑建立长期或短期的交往，然后决定是看对方的身材还是脸部，前提是只能选看一个。

　　结果令人震惊：25%考虑建立长期关系的男学生选择看脸部，相比之下51%考虑建立短期关系的男学生选择看潜在配偶的身材。

　　这足以说明：寻求短期交往的男性对女性的身材更感兴趣，而想建立长期关系的男性则对女性的相貌更感兴趣。

我想，从进化上来看，可以这样解释：

当进行长期择偶行为时，男性很显然会很关注后代的质量，倘若这个孩子需要他进行长期投资，那么他会试图找寻一个基因好的女性作为伴侣——面孔的美代表着基因的优质，这是毫无疑问的。

在短期择偶中，男性注重的是后代的数量。因此男性在短期择偶行为中，将会努力寻求更容易怀孕，更方便播种的对象，也就是更容易得到子嗣收益的对象。

问题出现了，什么样的女性更容易怀孕呢？我们都知道，人类的性行为与受孕并不那么紧密相连，25%的女性甚至一年连续做爱都怀不上孩子。因此，在短期行为中，寻找那些身材好，腰臀比接近0.7的女性，才是男性的最优选。这类女性更容易怀孕，男性也更容易得到子嗣收益（当然，即使他现在不打算要孩子，他也无法摆脱原始的冲动）。

而什么样的女性更方便男人播种呢？我们可以想象：猎获一个面孔漂亮的女性作为短期伴侣将比猎获一个身材火爆的女性困难得多。如果男性在短期择偶中执意要寻求一个面孔漂亮的女性，他也许将会浪费大量时间却一无所获，因此他们会将目光聚焦在那些面孔不漂亮但身材骄人的姑娘身上。由此看来，男性在短期择偶行为中对女性各方面要求都会普遍下降，尤其是相貌。

这种现象甚至可以引出一个结论：身材骄人，面孔一般的女人容易被当成短期对象对待。当发现你的情敌比你漂亮时，即使她的罩杯是A你是D，你也赶快识趣地走开吧，因为他更容易把她当成未来的老婆，把你当成一夜情对象和性伴侣。

总结一下，最新的科研告诉我们：拥有好身材，也不要时常显露出来。也许把睫毛涂长一点，比穿露脐装强得多。

幸 福 爱

从 新 手 到 高 手 的 爱 情 修 习 课

提防极品男，从身边做起

朋友说，因为自己是完美主义者，所以一直保持单身。然而最近她偶然遇到了初中时认识的男生。那男生以前曾经和她暧昧过，但两人最终没有在一起。这么多年下来，两人虽然没有联系，但是彼此之间都知道近况。去年男生结婚了，今年又离婚了。

现在两人的巧遇，让她隐隐约约生出一种感觉，觉得大家知根识底，似乎还可以"再续前缘"。

外人看起来很挑剔的她，因为这个男人的重新出现，突然觉得生活美好起来。

我想说，开始一段感情，这是没什么问题的，但是听了她说的这个男人的行为，比如"新婚后连续三天夜不归宿导致离婚"，比如"知道别的女孩子要结婚还给打去老长时间的电话"，我不由得要提醒她一句：提防极品男，从身边开始。

我一个相识十年的朋友小K，就有过一段惨痛经历。小K和老公是高中同学，她老公和我们都很熟，也是一个普通的年轻人，恋爱长跑九年后两人结婚了。大学毕业后男方到深圳去了两年，回来就闹着要离婚，理由是他爱上了同事。他对小K说："我从来没有爱过你，和你在一起是因为你对我好。"

可是我们都曾经亲眼看见，当初他是怎样追求她，喜欢她，为她付出的。不过几年时光，他就摇身变成极品男，露出狰狞面目，实在让人扼腕。

说这个故事的目的，就是想告诉这位朋友，不能因为你们曾经认识，你就可以掉以轻心一头扎进去。对待相识，一样需要小心谨慎，用以前考察其他男生的方式去考察他的行为，看看是否符合你的标准。

亦舒在她的书里总是反复提到：初生婴儿都一般娇嫩可爱，然世界上无论多么狰狞肮脏的面容，也一样是由这些粉嫩透明的面容变化而来。所以不妨试想，世界上的那么多极品男，难道他们身边都没有从小和他们一起长大的女孩子吗？难道这些女孩子都知道他们是极品男吗？

很多极品男，他们也是由普通人变化而来。你并不知道，在你和他没有接触的日子里都发生过些什么。在那么漫长的日子里，他的不如意、不得志，甚或如意、得志，都可能演化成狰狞与恐怖，演化成内心的冷血与无情。这样的变化，并不是你所能预见或者知情的。

除了拥有共同的一段回忆，你们依然只是陌生人。很多人结婚十年，尚且会觉得身边伴侣形同陌路，你又怎能通过曾经那么短的浅浅接触，直接在现在把他划为可发展对象？

不是不能爱，而是依然需要通过考察和权衡。不能因为你们曾经认识，就对他一路绿灯。并不是说相识又相见就叫缘分，缘分这个词很微妙，它只存在于你心里。话说楼下卖烟的大爷，你每天见他一遍，一年见三百六十五遍，不也没觉得有缘分吗？

恋爱和学手艺一样，
都是年轻时应该做的事

. . .

　　我一个男性朋友说他哥哥和女朋友要分手了，家里人都很着急，让他去帮忙劝。他不知道怎么去劝哥哥，于是找到了我。

　　这位男性朋友对女孩子是比较主动的，他的哥哥却少言木讷，是标准的"张江男"[1]，平时不会说情话，过节也不知道送花。女友生日吧，他说送她一个挂件，是之前出差云南时在地摊买的。话说生日过了两天了，还没有送去，理由是工作忙。结果女友生气了，提出分手，再也没有联系过他。他也忙着工作，没有联系她。

　　我说："不必劝了，顺其自然吧。"

　　朋友一听就急了，说："哥哥老大不小了，就交了这么一个女朋友，虽然条件一般吧，可也是个结婚对象，怎么能就这么说分就分呢。"

　　我说："要是没有这样的人垫底，你们怎么可以抱得美人归？再说了，这女孩子也不是不好，只是没有好到他愿意

[1]指聚集在上海张江高科技园区，具备理工科背景，
常常深居简出、工作勤奋、拙于表达的男人。

主动点。他也多半就是为了找个结婚对象，没有觉得特别喜欢，需要特别去珍惜维护，分了也就分了，没准下一个更好呢。要是他真遇到个喜欢极了的，估计那就整天上赶着对人家好，整颗心掏出来还来不及呢，哪还敢冷落人家。没有勇气追女人的男人，就是觉得对方不值得他豁出去。"

朋友还要说话，我说："皇帝不急太监急什么！他现在不急就不用管他，他总会有急的那一天；要是总不急，多半还会有来不及的那一天。"

我经常劝诫写信给我问如下问题的人：他不主动我应该主动吗？他冷落我怎么办？他什么都好就是对我不热情怎么办？

这社会上，偏偏就是有那么多不徐不疾的事情，要怪啊，就怪选择太多。无论男的女的，只要愿意，随时都可以找到对象，偶尔还能碰上个好的，就好比假如你不挑剔，随便上哪家餐馆都能吃到饭，偶尔发了奖金还能吃顿好的。不像父母那一辈，家家都得自己亲自动手。所以很多人就不乐意积极行动，就这么得过且过，今朝有酒今朝醉，凑合过呗。要是对方受不了跑了，咱们大不了再换一家，反正只要不挑，就不愁没得吃，才懒得去用心维护呢。结果咱们这一辈人，会做一手好菜的越来越少，很多人甚至根本不会下厨。

问题是，青春就那么短，当你胡吃海塞，吃得一肚子乙肝病毒，一身饮食不规律带来的毛病，再突发奇想每天粗茶淡饭地过的时候，恐怕已经没有时间和精力重新学一手好手艺了。

恋爱和学手艺差不多，都是年轻时应该干的事情。少壮不努力，等到你急的那一天，估计已经来不及了。

哪类女孩最容易遭受被背叛的痛苦

...

写这篇文章的起因，是我的一位粉丝在QQ上问我的一个问题："娃娃姐，为什么有时候我看着倍儿可气的把男人当工具用的贱女人，你对她们很温和很客气；但对那种乖乖女，也许她只是想要生活好一点，所以在犹豫到底要选择面包还是穷男友，你却对她们特别凶呢？"

这个问题不是第一次有人问了，我似乎从未正面回答过，这次就正面答一下吧。

读者来信中，最具代表性的有三类女孩子。

第一类女孩子，一看就很自私很有心计，她们没有太多感情，擅长利用男人当垫脚石，完全可以把自己打点照顾得很好。对于这类读者我往往不给她们太多建议，即使给出，也会很温和。她们自己已经选择了自己的路，骂是没有裨益的，提醒她路上可能遇到的绊脚石才比较重要。

第二类女孩子，她们真心相信爱情，她们一般比较有自立能力，她们无怨无悔，绝不会在面包和爱情中犹豫。我也很少回复她们。

最后一类女孩子，她们很矛盾。一方面，舍不下相爱的男友；另一方面，富裕的追求者又让父母对她施加压力。对于这类无法把控自己生活节奏，无法掌握命运走向的女孩，应该怎样给她们建议呢？也许我和部分读者的看法会截然不同。

实际上，男人不会因为穷就不花心，无论哪类女孩子，日后老公出轨的概率都是50%。所以问题的关键在于，三类女孩各自的心态问题。

第一类自私的女孩，她们懂得利用感情来达到自己的目的。在爱的搏击场上，她们是重量级的赢家，从来只有男人为她们痛苦，她们永不会为男人痛苦。

第二类真心相信爱情的女孩，她们几乎都抱着"纵被无情弃，不能羞"的心态。只要爱过，她们就不后悔。所以这类女孩即使被背叛，她们也会很容易摆脱出来。

所以如果将男人的出轨视为背叛，那么这种背叛的痛苦往往只会发生在第三类女孩身上。

她们为什么会很痛苦呢？第一，她们现在已经对爱情有所怀疑和犹豫，倘若已经有了犹豫，势必在心里有了权衡和比较，她们的心里，自己舍弃了一部分经济利益来交换一个忠实的丈夫。所以当丈夫不忠时，这种打击将是致命的。第二，她们年轻的时候已经在爱情和面包中徘徊，这足以说明日后有觉醒的极大可能。倘若她们基于男人的甜言蜜语，或者基于自己纯洁的信仰而选择了爱情，那么日后觉醒时，或者被男方背叛时，那种掺杂着悔恨、痛苦与无奈又穷困潦倒的生活对她们的打击将是残酷且致命的。

她们最光明的未来，不过是出人头地，有一位不离不弃的丈夫。不过，在此之前，她们的处境就像亦舒《黑羊》里所述的一样：

"别以为小赵这种人容易应付，他一样有七情六欲，在公司受了气会对家人发泄，升了一级半级会觉得伴侣配不起他，看见更年轻漂亮的女子立刻目不转睛，一般需九牛二虎之力来应付。况且，女子收入还得用来贴补家用，还有，公公婆婆动辄发难。"

多数时候，她们的结局将是被抛弃的抹布，是拖儿带女在择偶市场上行情down（下降）到谷底的中年女性。她们也许需要孤苦地抚养孩子成人，孩子未来择偶的时候还会受到对方家庭的挑拣："单亲？会不会有什么心理问题？"情况最好的，莫过于一个勉强自己看淡的大房，捏着男人交回来的一点点钱过日子。她们难道不会想：早知道男人都这么花，还不如嫁给有钱的呢。

如果留意一下，你会发现很多女人在三十多岁的时候纠结"为什么当年没有人来骂醒我呢"或者"要是我早一点听到这样的话就好了"。实际上，这些女孩在二十岁的时候太年轻，年轻到不懂得做出让自己不后悔的选择，也没有人在当年告诉她们实情。

但这种年轻的错，不应该让她们用后半辈子来背负。

掺杂了悔不当初的穷困和痛苦，会让人从心底里彻底怀疑自己的判断，彻底否定自己的人生。

这就是为什么我对纠结于选面包还是爱情的女孩最苛责的缘故了。倘若没有人告诉她们真相，我就来做那个恶人吧。即使用上最恶毒的话挖苦对方，这种挖苦造成的伤害也不会有她们未来所需要承担的现实生活中的伤害的万分之一那么多。

试想，当你看到一个身手矫健全副武装的人伶俐地攀登悬崖，想要看看上面的风景，你也许会叮嘱他一声，也许什么都不会说。但当你看见一个腿脚不稳的人颤巍巍地往死亡的悬崖边走去，也许马上就会掉下去的时候，你会不会不择手段地厉声喝住他，哪怕用最难听的脏话都行？在那一瞬间，还有其他更好的选择吗？

仰望是一种很累的姿势

...

　　Cloudy失恋了，打电话跟我哭诉。她到现在都不能相信一向对她百依百顺的男友，会坚决得这么义无反顾。

　　我们都目睹了安澍追Cloudy时的执着，甚至可用惨烈来形容。

　　两人在一起的三年中，Cloudy始终没有向家人承认安澍的存在，理由是安澍的经济状况不好，如果告诉了父母，他们会念叨，不同意。安澍对此并没有说什么，他相信Cloudy的意见是正确的，所以也非常努力地工作，以向她父母证明自己的"钱途"一片光明。

　　平时，Cloudy很依赖安澍，时间长了，有任何的事情，她都会想到要和他一起去做。很明显，她也越来越紧地把安澍绑在身边。

　　终于有一天，安澍突然提出要冷静一段时间，却没说原因。Cloudy是个急脾气，就一直追问他是怎么回事，他说了一些语无伦次的理由，最后得出结论，可能是他们不适合。

　　Cloudy当时就哭了出来，她第一次明白没有安澍对于自己而言无异于是天昏地暗。

　　这几天，她每天上班除了发呆就是胡思乱想，终于她下定决心，有天下午请了假，去他单位门口等他。

　　毕竟两人还是有感情的，安澍对Cloudy的行为也很感动，于是他们和好了。

　　Cloudy舒了口气，以为一切就这样过去了。Cloudy满口答应，以后一定不会再任性，也承诺告诉父母的事情可以找个机会好好地去说。

　　接下来的一段时间两个人相处得很正常，他们像往常一样联络、聊天，柔情蜜意。

　　但是到周末的时候，安澍告诉Cloudy，有个朋友从新加坡回来，晚上他们一帮朋友要聚会，可能要通宵，而且手机快没电了，他会发短信给她。

　　Cloudy一直在等短信，到了凌晨，短信还没来。

　　Cloudy就打电话，没人接。再打，一直打。

　　Cloudy一方面担心着安澍的安危，一方面责怪他因为和朋友在一起而忘了自己。

　　直到很晚，安澍回了条短信："我和朋友在打桌球，你睡吧。"Cloudy一下子怒从心起，他居然连电话都不给她打一个。

　　第二天，安澍还是没接电话，Cloudy只好发短信给他，问很多句，他才答一句，整个周末Cloudy就是在安澍这样断断续续、不情不愿的敷衍中度过的。

从新手到高手的爱情修习课

Cloudy实在忍不住了，她自认并没有过令人反感的骄纵行为，就直接冲过去找到安澍，安澍沉默了一下午之后，态度坚决地要求和Cloudy分开，并且不解释原因。

Cloudy百思不得其解，转不过弯来，自己闷在家里伤心。

她给安澍发了长长的e-mail检讨自己，说了无数软话，但是安澍都没有回应。

到现在，Cloudy也弄不明白，安澍究竟是因为交了她这么一个优秀的女朋友压力太大，还是真的不爱她了。

我们都知道，看电视的时候，电视机最适合的位置是在视平线下方一点，因为这样的姿势对于看电视的人来说最舒服，不容易累。

不光在现实生活中如此，在感情上一样也如此，始终保持一种追逐者或仰望者的姿态是很累的，要整整两年保持向上仰望的姿势，那真是不容易。

我很佩服安澍有那么好的耐心去等待一个不愿意向别人承认自己的女朋友，也觉得他们的分手在情理之中。

女人喜欢仰视的角度，喜欢以崇拜的目光看强大的男人，男人却喜欢低下头看娇小可爱的女人，这就是A男配B女，B男配C女的缘故，也是很多自认为优秀的A女嫁不出去的缘故。

女人优秀不是过错，但优秀到强势、到不把别人放在眼里的地步，就不再是好事了。

咱们只要没好到让他心甘情愿做绿叶的地步，那当他觉得仰望得脖子酸了的时候，自然会低头去寻觅其他出路。

安澍说不爱Cloudy了，可能有一万种理由，Cloudy并不知道在她所不知道的他的生活圈中发生了什么事情。

往恐怖里说，安澍可能让别的女孩子怀孕了，自己得绝症了，不想拖累

Cloudy，或者嫖妓得了艾滋病……这也不是没有可能。

往通俗里说，大概是他爱上别的女孩子了，而且这样的可能性非常大。姐妹们千万别指望男人永远抱着一种努力和仰望的姿态来对待自己。

男人又不是傻驴，眼前挂根树枝就会不断地拉磨。他当然会累，也会灰心丧气。

三年了，Cloudy都不愿意承认安澍，他终于脖子酸了低下头，突然看到一个善解人意的女孩子，两相对比，当然就不会再喜欢一直趾高气扬的Cloudy。

Cloudy想要给自己找个"他压力大了"的借口，也无可厚非。

但是，要知道无论女人多么优秀，如果不愿意付出，那对一个男人而言又有什么意义呢？

我常常说，投入一段感情，就需要全情投入，有时候你付出得不够多，对方会察觉的。

他可能一时无法很明晰地把心中的感觉说出来，但是积怨太多，量变一定会导致质变，而你根本不知道这个临界点在哪里。

一根最后的稻草，无论有多么微小，也足以压垮一峰强壮的骆驼。

恋爱结婚对象需要的不是性能，而是性价比。

在爱情中，相信对方的理性判断，相信对方的决定往往是最正确的，但这做起来非常难，而且特别让人不甘心。

一方面，每个人，尤其是优秀的女人，放不下自己的身段，无法接受曾经被追逐的、高高在上的自己，变为苦苦挽留对方的怨女；一方面难以想象以前对自己百依百顺的男人，竟然变得如此铁石心肠。

两种无法接受的改变，简直可以把人夹击到发疯。而且最恐怖的是：即使自己愿意改变，对方也未见得领情。

要处理这样的爱，我建议Cloudy读一遍《飘》，看看斯佳丽是怎样尽情地挥霍白瑞德的爱，让白瑞德不得不黯然离开的。

然后再看看《飘》的续集，看看斯佳丽是怎样重新争取回他的心的。倘若她是真心想检讨自己，重头来过的话，这不失为一本指南。

处不处女又怎样

...

写这篇文章时我特别抓狂，因为两个女人不开窍的关系。

一个写信问我："我离开他我就不是处女了，害怕自己得不到幸福，我放不下他，更担心自己的未来。怎么办呢？"

另外一个更狠，在微信上问我："我现在离开他，他会不会觉得我太势利呢？会不会觉得我因为他没钱而不爱他呢？"

她们两个人让我有种想拿脑袋撞豆腐的冲动，爱情中的女人们啊，为什么不仅没有一点理性，还没有风险意识呢？怎么都和我妈一样，看着股票一直哗啦啦往下跌，却不肯脱身？每天劝她"割肉"[1]，她始终天真地相信自己买的是好股票，还不断买入，期待它会涨回来……拜托，你们又不是火眼金睛，能从现在看到未来；上帝也没宠谁宠得要命，非许给你一个好的未来！

我看过一篇流传很广的宣扬处女情结的文章，里面提到一个浪荡子，一无所有还很丑，却娶了一个条件极其优秀的女孩，女的很漂亮，又是研究生，追求的人多得要命。有很

[1]股市用语，亏本平仓。指高价买进股票后，大势下跌，为避免继续损失，低价赔本卖出股票。

多人在婚礼上都感到很诧异：为什么一个优秀的女性会嫁给这么普通，甚至低于普通水准的男性？文章作者说：答案只有一个——这个女孩子跟那个哥们儿的时候是处女。这篇文章最主要的一个观点是：处女很可贵。他意图表达这个观念，但仁者见仁、智者见智，从旁观者的角度来看，又别有洞天。

结合绝大多数人认为被霸王硬上弓的女孩子也算处女这个事实，我们很容易就可以做出判断：男性需要的并非是女性的那层膜或生理因素，而是女性能够始终以一种忠诚的态度去对待他，不要拿他去和其他男性比较，不要轻易"跳槽"。

疯狂叫嚣处女情结的男性们所做的事和所盼望的结果，却是完全背道而驰的。虽然他们在积极地"呼吁"，但是我们看见的是这个世界非但没有出现更多珍惜感情的处女，反而出现了恶性循环：男性的处女情结越来越严重，非处女们对性关系以及男性越来越不在意；非处女们对和自己发生关系的男性越来越不在意，导致男性的处女情结就越来越严重。

这个死循环的症结在哪里呢？这是因为这些叫嚣的男性都忘记了一个大前提，从而使得他们的叫嚣根本没有意义。

从概率上来说，女性的性成熟时期是在16岁左右，而16～26岁这10年基本上是恋爱和结婚的黄金时段，绝大多数女性有性经历，且处女到非处女的过程是不可逆的。也就是说，在择偶时间段内的女性，绝大多数都不是处女。

不知道大家有没有看过纪伯伦的《疯人井》，故事里面的人喝了井水都疯掉了，唯一清醒的国王却被其他人看成了疯子。这就是大众与小众的问题。

同理，当一个社会里面绝大多数女性不是处女的时候，这些叫嚣是起不了什么效用的。这种叫嚣就好像隋文帝释重刑，三人偷一个瓜全都会被判死刑。更多的人索性会被逼上梁山。更多的女性在失去"第一次"之后就破罐子破摔，甚至连心理上的贞操观都荡然无存。

法学上讲过"重典治乱世"。在犯罪比较少的时候，刑法就应该相对较轻；如果犯罪活动猖獗，就要开始严打。但是，倘若这种打击涉及大多数人，就完全不起作用了。

好比现在要说近视眼是一种病，连医生都不会支持你，因为近视的人占绝大多数，且拥有话语权。

我认为，男性应该发出更多理智的声音，避免重刑的思想直接恐吓到女性。当然，这是困难的，因为在成熟的男性眼里，处女情结是一个可笑的话题，他们不会来讨论这个问题，正如大多数人绝对不会没事去和小朋友争论世界上有没有鬼，但如果有不良人士一直去恐吓小孩子有鬼，就会造成小朋友终身的心理压力。

类似的是：当处女情结这个话题被摆到女性面前的时候，正好是女性的世界观成型期。即便不是处女，她们本来也可以成为很纯良的好孩子的，但如果一直有人恐吓她们"有鬼"，就会出现越来越多的破罐子破摔的女孩，根本不在意性关系的产生，或者觉得反正男性不会珍惜，索性不付出。

从比较阴暗的角度来看：工资开得越低的企业，就越强调员工要对公司保持忠诚度。同理，男性对自身越不自信，就越是强烈地要求女方的忠诚度。而处女的忠诚度通常比非处要高很多，这才是男性处女情结的关键。

所以再继续很阴暗地推断，那些乱叫乱嚷的男性并非不懂事，而是下意识地在制造一种混乱。就好像很多人考四级，知道自己反正过不了，索性在考场里捣点乱，他们这样做，为自身和他人都开启了通往地狱的门。

千万不要听男人们的说辞，关键要看他们怎么做。男人们为什么骂非处女，还喜欢骂女人现实？这两个问题其实是同一个问题的两面：前者，是希望女方能为自己付出更多；后者，是希望自己能为女方付出更少。

如果一个男人只要你是处女就会无比怜惜你，无论如何都要珍惜你，和你在一起，什么都顺着你的话，世界上就不会有那么多非处女了。如果一个男人只要你不势利，每天天真烂漫就会爱上你，和你共度一生的话，智障学校的女孩子早就嫁光了嘛。

男人们都知道让女方付出更多，女方就会更放不下他，所以咱们作为女人必须就此有警醒意识。

我一个有钱的男生朋友半开玩笑地说要我帮他介绍一个女朋友，我给他推荐了一个我的同学，这个女孩子为人很好，不是很势利现实那种，她的家人也不是很爱钱很拜金。对方哈哈大笑着打断我的话，说：即使很爱钱很拜金，也没有关系的。

我想这个非典型案例说明的是，当一个男人觉得女方势利的时候，多半是他不光没有能力给予这个女子最基本的生活保障，还没有信心给予她安全感。

男人永远不会因为纯粹觉得一个女子势利就离开她，除非是女方非但势利，还没有值得让他尊重的地方。

嫌货人才是买货人，一个劲觉得女方势利的男朋友，因为他们会爱又怕被辜负，才会抓狂一样地诋毁货品。

一个女子，倘若能把势利的分寸掌握得好，男人们根本就看不透，把握不住。做一个势利的女人没有什么不好，关键在于你的势利点站得是否对，一个好女人，势利的方方面面都是为了将来的幸福做准备，如果你的势利只是损人不利己的行为，那么一定不要做。

当"性福"与"爱情"背道而驰

在Kate的心中，一直堵着一个大大的问号。

她曾经以为性与爱是可以分开的，自己能全心全意爱着一个人，同时也能完全抽身出来去享受与另一个人的性。

可是，她终究快被这种"两全其美"的生活折腾疯了！

Kate很爱男友何欢，他们是青梅竹马，一直到高中毕业都是同学，大学也还在一个城市，一起经历了青春期的躁动，看着彼此长大，爱情也日渐加深。

何欢高高大大的，样子很帅，在学校一直是很多女生谈论的焦点，但何欢的眼里只有Kate，于是无辜的她就被动地成了女生们妒忌的对象。

那时，Kate以为自己是全世界最幸福的女人，把一个爱自己的大帅哥牢牢拴在身边是一件非常值得骄傲的事。

毕业后，他们都在上海找到了不错的工作，留在了上海，两人为节约开支，也就住在一起了。

第一夜，他们在这个临时的小窝里安顿下来，彼此都有点期待更进一步的发展，可是，结果是无言的尴尬。

Kate很沮丧，怎么都想不到何欢在性方面会那么弱。开始她还找借口安慰自己，是他太累，是他太腼腆，是他太爱她而紧张了……

但是，相处的时间长了，千万个理由也不称其为理由了。每次Kate的热情刚被点燃，何欢就结束了，之后是他深深的内疚和Kate的强作欢颜。

为此，何欢在生活上也很迁就Kate，尽量给予她想要的一切。

除了性，他们的相处是甜蜜的、无懈可击的。Kate毫不怀疑自己对他的爱，只是有那么一点点的遗憾和不甘。

一次偶然的机会，Kate在网上认识了安迪。他很直白，说他爱他的老婆，但是现在老婆的注意力全在孩子身上，根本不理会他对性的要求。

他还说现在性与爱的分离已经渐渐成了都市里的流行，有的人为了现实的利益与一个人结婚，却没有爱情，而有的人为了性与一个人相处，同样可以没有爱。性与爱完全可以分开。

对于他的结论，Kate将信将疑。一面是身体的本能，一面是道德的底线，她在挣扎。或者，只是试一次，至少她想知道什么叫欲仙欲死。

Kate和安迪约了见面。她无法预测和一个陌生人的性是怎样的，更不知自己到底能不能接受一个没有被赋予感情符号的身体。

安迪的床上功夫很棒，让Kate知道了什么叫高潮，但也让她知道了什么叫自责。她的眼前总是晃着何欢善良的眼神，好像他始终在她身边。

事实上，何欢什么也不知道，还是一如既往地对Kate好，一如既往地为自己的无能自卑。而Kate一面继续与何欢的同居生活，一面继续偷偷幽会安迪。

左边是快感的诱惑，右边是心灵的拷问，她在挣扎中小心地前行。她以为自己把一切看透了，能够轻易地保持平衡，要爱得爱，要性得性。

表面上她什么都得到了，和安迪在一起除了身体其余一概不谈，和何欢在一起的未来规划总是让人憧憬无限。

但最先垮掉的却是Kate自己，她觉得不配得到何欢纯真的爱，可是也无法抗拒身体深处的呼唤，她快崩溃了。

Kate真是个非常傻的姑娘。实际上，对于所谓的开放式的思想，我一向比较讨厌。

可知道中国男人最忌讳的是什么？是戴"绿帽子"。现在的何欢对Kate的好，有很大的一部分可能是基于对她的补偿心理。

一个男人亏欠了一个女人，唯有加倍对她好来补偿。但是倘若他知道了她出轨的真相，知道自己被欺骗，除了勃然大怒，我想再无第二种可能。

作为旁观者，我其实很想点着Kate的脑袋让她清醒一点。但是，这样是没有用的，我告诫她一千字，安迪会用一万字把她骗过去。

倘若Kate的困扰和挣扎被安迪知道，他会表面一本正经地循循善诱她，帮她洗脑，暗地里却窃窃偷笑无数次：不用付出任何代价就可以找到发泄的对象，娥皇女英，左拥右抱，占着人家的鹊巢，居然还是免费的，只用几句话就可以打发，世界上哪还有这么便宜的事情。

木已成舟，一直挣扎在对自己的懊恼当中也无济于事，现在的Kate是该清醒过来的时候了——她需要认真地想一想，自己到底是要性，还是要爱？

你会问：生活中真的没有两全其美的事情吗？没有。

这种事情，真的没有。女人当然有享受性爱的权利，但同时，要知道代价，在这种状态之下，一方是可以相伴一生的爱人，另一方是一时之巅的快

感，无论做出哪一种选择，你所得到的都值得
你所付出的代价吗？这是Kate现在应该考虑的
问题。

别想着这种事情可以天长地久地隐瞒下
去，没有谁是傻子，两个人朝夕相处地生活在
一起，任何蛛丝马迹都可能戳穿Kate心中这个
阴暗的秘密，到时候，就算想要亡羊补牢，选
择权可也不在你的手中了。

最后，无论是选择了哪一方，我都会建议
Kate离开安迪。

都市中，如果你想，女人接触性的机会实
在太多了，而邂逅真爱的机会却少之又少。如
果对于Kate来说性真的是生活中的必需品，必
需到可以以放弃一个好男人的代价来交换，那
么立定心志去找一个能在这方面满足你，并且
能和你共度一生的男人吧，何苦要在一个已婚
的男人那里破坏着社会的和谐呢？

爱的替身不是你

...

有一种桥段是三流肥皂剧和烂俗言情小说的最爱，即男主人公爱上默默奉献的女主角而不自知，当前女友又打算回到他身边时方才恍然大悟，惊觉朴实的女主角是他一生的挚爱。

正所谓守得云开见月明，佛教里面，我们喜欢管这种结局叫修成正果。不过，这段可能不怎么受人待见的、被当成替身的日子，可并不是那么容易熬过去的。

言情小说里的女人往往都是超人，被伤害了、被打击了、被辜负了，还依然情有独钟、痴心不改，我不觉得一般的女孩有这样的毅力和勇气。

再者，无巧不成书，书里写的，当然都是千年难得一见的怪力乱神，我们这种俗人能否达到那种境界，还有待长期观望。

几乎在所有人的眼中，Orange都是个幸福的女人。她的男友承志俊朗、稳重，身居公司技术总监一职，家道殷实，最重要的是对她关怀备至、体贴有加。

Orange曾经以为，自己可以一直这样幸福下去，接受他的爱，享受他的呵护，在众人艳羡的目光下慢慢忽略他那段初恋故事。

可是，半年过去了，承志依然把她当成了初恋女友的替身。Orange难受极了。

他们认识有半年时间了。第一次见面时，两人在咖啡座聊了近三个小时。虽然谈不上一见钟情，可是Orange能感觉得到承志对她印象不错，她也喜欢这个坦诚的男人。

承志告诉她，之所以拖到35岁才想结婚，是因为对初恋女友一直难以忘怀，他希望自己能先行消化掉这种负面情绪后再开始新恋情，这样对女方会比较公平。

那一刻，Orange已经在心里认可了这个重感情的男人。

不可否认，承志是个不错的男友。他具备时尚杂志里宣扬的钻石男人的特质——雨天接Orange下班，周末安排看话剧，一周两个晚上挑选浪漫的餐厅吃饭，甚至连陪同她在商场里逛一整天做提包参谋都没半句怨言。

闺蜜们都很羡慕Orange，调侃说这么个绝种的稀世珍宝被她遇上了。

Orange也在心里窃喜，总算可以赶在2字头的年纪把自己嫁掉了。

只是，她的心里总是有种莫名的不安，也许是岁月的磨砺，承志很少把感情显露在脸上，他很礼貌，从不激动或兴奋。

有时，Orange觉得自己似乎只是他的一个VIP客户，享受尊贵服务是不假，却无论如何都少了那么点人间烟火味，毕竟以后一辈子做的是柴米夫妻，而不是做给外人看的神仙眷侣。

一个偶然的机会，让Orange印证了心底的不安。

那次，他陪她去买首饰，她看中了Tiffany（蒂芙尼）的经典款小豆子，戴上给他看，问效果如何时，他的眼中滑过一抹惊异，但很快平静下来，轻轻摇摇头，说这个不大适合你，再看看别的吧。之后的时间，他虽然继续给

Orange参考建议，可是总显得心不在焉。

Orange实在忍不住问他是哪里不对劲，果然，她听到了一个让自己难以接受的事实。

原来，承志和初恋女友是大学时的同学，在最青涩的年纪两个人海誓山盟，一起逃课，一起踏青，一起在演讲比赛中夺冠，一起在暑假实践中积存未来的希望……甚至连双方家长都见了，他曾送她Tiffany的经典款小豆子，希望能圈住她，所以才在看到Orange戴上项链后出现了一丝惊异。

承志说他妈妈很喜欢那个女孩子，孝顺懂事，漂亮细心。

可是毕业后，都是独生子的他们无法离开自己的家去对方的城市，一对有情人就这样劳燕分飞。

虽然痛得心碎，可是终耐不住空间的阻隔，女孩在毕业的第三年结了婚，而深受打击的承志则一直孤单下来。

"直到遇到你，我以为是老天赐福，把她又带回到我身边，你们太像了。不只是相貌，性格脾气都像，我觉得自己又能爱了。"Orange觉得自己清楚承志敦厚老实的性格，可是她无法确认他是爱她还是爱她像的那个人。

虽然以他的品性不可能搞出外遇之类的事情，如果和他结婚也会相伴终老，但真的要一辈子成为爱的替代品吗？

其实，很少有人会在一生中喜欢截然不同的几类女孩子。留神观察身边的男生，除去那种受过重大伤害或者心理阴影浓厚的外，一般人喜欢的类型是不会有太大改变的。

这是因为每个人的出生环境、教育背景、家庭状况等因素，使得人的性格一早就已经成了形。

正所谓三岁看老，多数人一生就只会喜欢一种类型的女孩子。

承志对Orange的爱，可能未尝见得是深爱，不过，换一个更未尝见得深爱她。

我觉得现阶段大可不必苛求，对方的前女友是已婚，又不是去世了，Orange不会永远和假想敌搏斗。没准初恋女友过上两三年变了黄脸婆，承志再见到她的时候，会觉得Orange好过她太多。

王子在找爱人的时候，其实也不知道自己要的是谁，只好拿水晶鞋去找，谁穿上了就是谁。

后妈的亲生女儿们是没有那么小的脚，要是有，王子哪知道娶的是假灰姑娘。

大家相处久了，不只你分不清楚他是爱你这个人，还是爱你像的那个人，他自己都未见得分得清楚是爱你还是爱她。

他也是人哪，也有七情六欲啊，你和他前GF一样是人，他既然会惦记她，日后要是你不见了他也一定会惦记你。

姐妹们，这是多么简单的道理啊。要不然，Orange也不会在初次认识到承志的专情时就认可了他。

Orange理应不溃败，先和他继续相处一段时间，至少要有他和前女友相处的时间那么长吧，等他习惯了你，再生波折吧。

现在放弃，为时过早，他也意识不到你对他的重要性。咱们自己要掌握一个度，不要太爱。

Orange的问题其实并不在于承志爱的是谁，而是她自己太过于爱他在意他。

我建议Orange试着转移下自己注意力，别爱得过于投入，也别付出太多，情深不寿这句话是很有哲理的。

还有，不用担心，初恋女友不是定时炸弹，只是一座活动不太频繁的活火山，多拖几年就死了，所以不要被假想敌打败哦。

幸 福 爱

从 新 手 到 高 手 的 爱 情 修 习 课

完美伴侣
都是训练出来的

一段好的恋爱，必将有一个好的开场，
而一个好的开场，必然是女人决定的。

学会给"表白"披上外衣

...

　　我一再说，这个世界本来就应该女人跑男人追，这个是人的天性。

　　可这并不表示我主张女孩们每天守株待兔、坐耗青春，等着一张英俊多金的大馅饼有朝一日砸到自己头上来。对于喜欢的男生，女生还是要主动的，但是你要学会使对方认为他自己才是主动追求的那一方。

　　这并不是什么葵花宝典，也不要求你貌若天仙、学富五车或家财万贯。每个女孩，哪怕是平凡的女孩，都可以做到既在恋爱中占主动，又在姿态上享受被动。

　　好，来说女追男。

　　我最反感的女追男方式是追得众所周知，让方圆几百里都无人不知无人不晓。

　　女孩，这会令男人看低你，并在交往中不给予你应有的尊重。谁都有年轻不懂事的时候，我中学的时候喜欢一个男生，苦恋人家两年，被他的死党知道了，说要给我们牵线。结果这红线一牵不要紧，那个男生周围的朋友知道了，我周围的朋友知道了，双方朋友的朋友也听说了……

多年以后我回想起来不禁为自己的懵懂年少扼腕叹息，不过，前车之鉴的意义就在于让人不要重蹈覆辙，如果以后又做出一些类似的举动让自己后悔，就是不明智的了。

怎样做才会成为一个被男人追的女生？

首要问题就是要漂亮。有人说漂亮不漂亮是先天的，后天基本上没有太多改变的可能性。我说那请你保持良好的身材、皮肤、谈吐和穿着打扮，女人要对自己细致一点，这些做到了自然是个美人，至少也是个气质美人。俗话说得好，只有懒女人，没有丑女人。以上都做到了，我觉得还能配上"丑"这个字的女人可能就寥寥无几了。

第二点是要温柔。

OK，你可以任性、可以娇嗔、可以淘气、可以发脾气，但是拜托，不要野蛮，尤其是不要不分场合地野蛮。

所谓温柔，不是让你随时随地小绵羊一般对他百依百顺，但是至少你要知道体贴爱人，知道顾全男人的面子问题。就算他在家里是个给你端洗脚水的角色，来到他朋友面前，你也要做出一副优雅贤惠的国母姿态。

男人要的温柔只是一种十分感性的感受，有些女人每天洗衣做饭收拾房子，忙前忙后地伺候男人，照样没落着一句好听的。而有些女人只是坐在那里含着微笑招招手，男人自动就把洗脚水端上来了："老婆辛苦了啊，今天太给我面子了……"你看，毋宁斗志而不斗力也。

温柔漂亮是内因。好比你打猎时的弹药，一定要充足，不然就是悲剧。之后的问题是枪法，我比较推崇的一招就是装作崇拜对方——只要你瞪大眼睛做可爱状，说："哇，你连这个都知道。"对方往往会因你这样一句夸赞而得到虚荣的满足，同时为你而心折不已。

当然，用法因人而异，落在另一种成熟理智型的女人身上，只需要略带一点惊讶地说："你也知道这个？佩服。"然后反问对方几个相关问题，一方面小小地展示下自己，一方面可以进一步地摆出崇拜的样子，满足对方的虚荣心。

其次，就是要学会偶尔冷落对方，让他摸不着头脑，再装作无意识地撩拨他几句，讲讲你的追求者什么的，如果他呈现出吃醋的样子你就打住，话锋一转夸夸他，让他得到点满足。男人啊，是在战斗和争抢中才会被激发斗志的，而感情恰恰源于神秘和不了解。撩拨起男人的征服欲和探索欲，女人这一战便已经胜利了一半。

还有一种情况是，如果他周围有关系很好的女性，你就要面对"吃醋"的问题了。关于这一点，我觉得只要你真的吃醋了，那么与其闷在心里，不如委婉地暗示他。

比如说，你喜欢的男人如果夸哪个女的多么好，你可以马上就不依不饶地让他也夸你，撒娇耍赖都用上，或者明摆着说："你当着我的面夸别的女人，什么意思嘛。"但是那个时候，眼神的运用要到位，让他一方面认为你可能是在开玩笑，另一方面，心里又甜甜痒痒的，不知如何回复你才好。

但如果，他不幸恰好认识一个温柔体贴、贤惠漂亮而且人缘又好的大美女，那……对不起，权衡一下，你还是劝他去追吧，他头破血流了自然会来找你。

不过，不要把你的对手看得那么高端，就像我回想起年轻时的一个假想敌时，自己都忍不住哑然失笑，明明是一个很平凡的女人，我却硬觉得她是个妖精，男人都爱的那种。

要习惯冲他撒娇，冲他倾诉，占用他的时间巩固感情，平时多加吹捧，怎么能满足他的虚荣心怎么来，反正又不少块肉，只不过花一点点的小心思就能换来他天长地久的爱，何乐而不为。

但是，真的，记住那一点点玩笑感的分寸，别直截了当向人家剖白自己。当一个男人看不透你的时候，他便越发地想要抓住你，这是真理。

完美爱情的约法三章

我一个美女朋友问我相信有好男人吗。我说，不相信，好男人都是调教出来的。

她说："如果你遇到一个男生，一到周末他就消失，每到晚上就关机，那怎么办？我十分担心他有另外的女朋友。"

我说："哦，我不会给他这种机会的。对于这样的情况，一般我会告诉他我的担心，作为一次警告，如果再发生同样情况，就终止约会。over（结束）。"

为什么要恋战呢？如果你们起步就是错的，那接下去的路就不可能对。我们写数字，开头数就是诚信，如果第一个字符是零，接下去再写几千万都没有用。

要想知道一个人有没有女朋友，交往一开始就应该死缠着他一段时间，基本上无孔不入地侵占他的时间和空间。

男人最怕的不是被柔情蜜意缠着，而是被毫无理由地缠着，所以你不如一开始就说清楚，我需要知道你有没有别的女朋友。

不要不好意思，很多无道德的成年男人的做法是：你不问，我就不说。你并不能知道你所遇到的是否是一个品德高尚的人，没有任何人有这样的预知力，所以这样问并不可笑。能睁着眼睛说瞎话的男人是有的，但是并不多。现在的坏男人不流行说谎骗人，因为他们觉得通过不负责任的误导就可以得到足够多。

坏男人不想负责，更不想担责任，所以如果你认真询问，他一般都会认真地告诉你："对啊！我有女人了，但是我更爱你，宝贝。"

那好，现在你知道情况，也就应该知道该怎么做了。提出问题，纵然可能得到令你伤心的答案，但是会让你避免在日后面临更加恐怖的现实。

一开始就问清楚还有一个好处，如果他骗了你，起码在分手的时候，你可以指着他骂他是个卑鄙的骗子，把他推到道德和良心的煎熬里去。

在这样的询问方式下倘若他还没有如实告诉你，那你是真的运气"太好"，遇到千古极品男，适合出门右转买张彩票，下一个大奖幸运得主就是你。

当他有意无意地把你带到他的朋友中时，在周围人都自然而然地把你们看作一对时，倘若他却始终没有开口要求你做他女朋友，你就要小心了，也许他并没有诚意与你长相厮守，他这样做的目的是在逼你主动就范。

周围人都在围绕着你们的关系起哄的时候，尤其要冷静，如果他什么也没说，只是含情脉脉地看着你，你就更要多加注意了。如果不去试探，结果遇到的是一个没有道德的男人，你的损失有多大啊。

中国有句老话叫先小人后君子，很庸俗但是很适用。

我在20岁刚出头的时候也遇到过一个挺心仪的男生，由于工作时搭档得很紧密，周围所有人都以为我们正在交往，然后某天饭桌上有人说："你们真是郎才女貌的一对啊。"

按理说我应该低下头羞涩地一笑作为回应，但我没有，我只是看了他一眼，含着笑说："你们别乱点鸳鸯谱，人家女朋友会吃醋的。"

他没有接茬，回避了我的目光，我心里马上就有底了，很快把话题岔开，不

幸 福 爱

从 新 手 到 高 手 的 爱 情 修 习 课

至于尴尬。事后侧面一打听，果然此人早被判了"有妻徒刑"。好，就此打住。

无论你喜欢他还是他喜欢你，你都要让周围的人觉得是他在追你，你是被动的。女人怎么可以主动呢？除非你对这个男人有十成十的把握，否则，你还是不要开口的好。尤其是遇到老手时，你开口越早，筹码就越小。

当你能拿捏好这个男人的时候，你就可以考虑对他提出你的约法三章了。

1. 我们是以结婚为前提交往的；

2. 如果发生性关系，就不能再和其他女人往来，暧昧都不可以；

3. 如果不小心怀了孩子，要马上结婚，把孩子生下来。

不要和我说，你也没有把握一定要嫁给面前的这个男人，所以不打算和他约法三章。

我想说，对于一个中国女性来说，恋爱不是以婚姻为最终目的，她要么是愚昧的，要么是幼稚的，要么是既愚昧又幼稚的。

世事如何变迁我们不得而知，是否会和身边的他结婚，也许你确实没有把握。

但你，作为一个现代女性，至少要做到未雨绸缪。

男人可以过尽千帆回头是岸，而女人不行，婚姻是女人掌握幸福的武器，而恋爱就是通往婚姻之路的红地毯。

我认识一个女人还未结婚就打掉了七个宝宝，真正结婚后却怀不上了，可以说是非常可悲的事。她要是我女儿，我早就一耳光扇过去了——不是打她贱，而是打她没有大脑，不懂得珍惜自己。你自己都不珍惜自己，怎么要求别人珍惜你？

一段好的恋爱，必将有一个好的开场，而一个好的开场，必然是女人决定的。

与你的爱人约法三章吧，它是你爱情的游戏规则，由你定。

没恋爱过的女生，
怎样把握和男生交往的度

...

一个美女朋友问我："在跟男生相处时，应该如何把握交往的度？"

她是研一的学生，1994年生，二十多岁了却从来没谈过恋爱。原因不是她是"恐龙"或她是个"冰山美人"——她是一个出身于教师家庭的女生，性格活泼开朗，身高164cm，广东人，在当地算是比较高的了，身材匀称，长相不属惊艳，但也算端庄姣好。其实从小到大追她的男生很多，但这些男生都不是她喜欢的类型。她也并没有觉得被很多人追求是一种享受，因为要让他们明白"襄王有梦，神女无心"，但又要尽量避免伤害他们其实很累。而且周围一些女性朋友也会话里有话地嘲讽她自视过高，说什么样的人都入不了她的眼，这样的闲言碎语很令人难受。

我其实特别能理解她，一个女生身边积极追求她的男生太多的时候，的确会让人烦恼。追求者们的深情款款让人不知如何是好，他们委曲求全让你心生同情，倘若被你拒绝，其中部分人的陡然变脸更是让人不知所措。不光如此，很多和你同龄的女孩子因为缺人追，还会含讥带讽，说你身在福中不知福，饱汉不知饿汉饥。但事实上，撑死并不比饿死来得舒服。有些人总是因为自己没饭吃饿得要命，就说人家肥胖和高血脂不叫疾病。

这正是漂亮MM们生存得不容易的通病，一方面要应付男性的狂轰滥炸，一方面要应付同性的嫉妒等压力。在这种压力下，漂亮MM们特别容易忽视自己真正想要的和需要的东西，所以她们经常得不到幸福。

就像这个女孩一样，她从小到大都是乖学生，从没想过在大学以前早恋（虽然现在看来大学恋爱跟黄昏恋无异了，小学恋爱才叫早恋呢），她当时的想法是纯美的初恋应该留在美好的象牙塔里面。四年前，她考上了重点大学，但问题是那是一所男女比例较为悬殊的学校。本来男生就不多，要找个长得比她穿高跟鞋时还高的男生就更是凤毛麟角了，遇到感觉不错的男生又都已经有女朋友了。加上本科时她一直在忙学校社团、科研立项和考研的事，也没有太多的时间去想恋爱的问题，就这样被剩下了。

身边的朋友都说她眼光太高，她却觉得自己其实并没有想要找一个多么优秀的男生，就想找一个人品好、性格能与她合得来、有才华、身高最好有175cm以上（起码比她穿高跟鞋高吧）、年龄比她大的男生，至于经济方面，他现在没有房没有车不是问题，她可以和他一起奋斗，重要的是他要有以后有房有车的能力。

　　身边也不是没有男生约她。但她一向都觉得，如果和一个男生没有发展成为恋人的可能，就要尽量避免和他单独接触，对方约她出去她也会叫上朋友一起，就是想婉拒并保持距离。

　　恋爱就像爬山一样，男人爬得越高，向下俯瞰，可以看到的女人就越多；可女人攀得越高，可以向上仰望的男人就越少。当你已经爬得比较高的时候，能选择一个和你平行的伴侣已经不易。

　　像例子中的女生，要求对方身高起码得比她穿高跟鞋高，最好175cm以上。看起来不是大问题，实际上这就是个特大的问题。据非正式统计，全国只有三个省份和直辖市的男人平均身高超过175cm，分别是山东175.44cm、北京175.32cm、黑龙江175.24cm。就算在这些地区，能符合要求的男人也会被她"咔嚓"掉一半。广东省男性的平均身高是169.78cm，因此，光这个初始要求已经刷掉了七八成的广东男人。至于说人品好，性格合得来，这些都太虚了。对你好，但脾气有时不好会骂人那叫不叫合得来呢？孝顺父母，但有点凤凰男倾向叫不叫人品好呢？有才华，但烟酒成瘾那你能不能接受呢？虽然什么都好，但来自农村还欠着助学贷款叫不叫未来有买房买车的能力呢？女生要先把这些都想好了再开始找男朋友，免得到时候悔不当初。

　　我很欣赏一些女生不喜欢搞暧昧，不拖着别人的态度。不过男人的黄金择偶期是20～40岁，女人的黄金择偶期是20～30岁，男人的择偶期比女人长一倍，选择余地大得多。两人在一起单独接触，只会浪费女人的青春，而不是浪费男人的时间。他们和你在一起，每一分钟都是不亏的，所以完全不存在女人拖着男人的问题。

在感情的初期，我建议女生如果并不是厌恶对方，你完全可以给对方一点接触和深入了解的机会。比如说，你们可以一起去游乐园玩，参观书画展览，听音乐会，或者共进晚餐等，只要是在白天、在公开场合进行的活动，你们都可以尝试。反之，如果不是在恋爱关系中，你就不要和对方处于私密的、黑暗的、幽闭的场合，如电影院、酒吧、你或对方的住所等。至于像唱卡拉OK等活动，可以去，但得拉上你的有震慑力的朋友，免得对方的朋友拿你们起哄。此外，这类约会可以控制在一周一次或两周一次，而且你也要埋一部分单（量约莫控制在他三你一的状态）。在初期，太过于频繁的约会或大量接受对方的馈赠很容易让对方误会。

不过呢，话说回来，女人这一辈子只需要嫁一个男人而不是很多男人，在你10年的花期里，扑上来的成百上千个男人中，99.9%不是你的真命天子，所以拒绝大多数是正确的，如果明显感觉到对方不合适，就不应该给他太多机会。

你以为这世界上有几个女王？

...

前段时间和朋友吃饭，席间来了一对男女，男的是1978年出生的，不显老，女的1994年出生的，看起来很文静。

1978年的男人自我介绍，说女方的父母把这个女孩托付给他，让他带她来见见世面。

刚坐下来不久，我朋友开玩笑地向他介绍，说我是恋爱专家。这个男人马上就对我说："她要找男朋友，你们谁帮她介绍一个吧。"我抬眼看了看这个小女孩，她有点不好意思，没接茬。吃饭的时候，谁都看得出来"78男"对"94女"确实呵护备至，只差没给她喂饭了。只是，时不时当我们谈到美女，他就会马上插嘴："介绍给我认识一下啦。""94女"当场就黑脸了。看到她这模样，"78男"赶紧用手机拍了一张"94女"的照片，此时的女孩子还在不高兴中，便要求删除。

"78男"一副讨好的样子，说："这照片能不能保留完全取决于你的想法。"

"94女"脸上马上露出了扬扬自得的喜悦之色，我马上心里长叹了一声：她完全不知道，自己遇到了一个爱情奴隶。

看得出来，"78男"也没打算付出，只是抱着试试看的态度。想能泡则泡，泡不到也没损失，揩点小油也好。而"94女"，其实也不是真正满意这个"78男"的，只把他当作一个追求者，自己勉为其难和他一起出来，还觉得有点跌份儿。

不过呢，原以为他对她忠贞不贰，没想到居然见色起意，完全没把她放在眼里，这才惹恼了她。只是"78男"手腕多，把"94女"把玩在手中，她却不自觉，还以为自己是骄傲的公主。

这样的男人很狡猾，因为他们自身条件不够好，付出的也不够多，而女人一般都比较感性，很容易被一些琐碎的事逐渐左右，这些琐碎的细节会让她渐渐觉得自己爱上了对方，却不知道这是第六感欺骗。

我习惯称这样的男人为爱情的"奴隶"，如果要给一副白描相的话，是这样的：他们很大一个特点是智商低情商高，懂得见风使舵，而且有点小幽默。再加上对女性异常体贴和顺从，顺从到几乎没有他自己，这种举动在女人看来，一般理解为温柔，这种行为特别容易激发母性。

这样的男人，他可能有体面的职业、学历，但在他的内心深处，还是极度缺乏安全感的。他们理性和感性的劲不往一处使，他自己一直深深地矛盾着，看似他什么都有了，自己却始终觉得渴望得到的东西遥不可及。

注意，我再强调一次，他们渴望得到的始终是得不到的东西。在他们脑子里，一鸟在手，不如百鸟在林。他们总是怀着渴望，追求自己得不到的东西。如果真得到了，他就会觉得这不足够好，才会被自己得到。换言之，当他们自认为完全征服了你，你就不值得了。

当你对他好的时候，他会异常惊喜，很感动的、难以置信的样子。注意，这是爱情奴隶最大的特征！千万不要持之以恒地对他好，因为他们很快会习惯而且厌烦。

而且，他本质上很贪心，恨不得所有的美女都能让他泡上，成为他炫耀的资本。对这种男人来说，没有所谓的爱，只有征服与被征服。

他们没有相对固定的目标和喜欢的类型。只要看见美女，马上两眼发光，习惯于给每个女人都写一封情书，谁回了就跟谁。

对这样的男人，我总是能一眼认得，而且敬而远之。只要是不爱的男人，无论他怎么付出，我都绝对不会因为对方的付出而左右自己的感情。

换言之，我能够很清楚地明白失落感、好感、征服欲、嫉妒、骄傲和习惯这些感情与爱情的区分。

　　但很多女孩子其实是分不出来的，比如文章中的"94女"，她完全没有注意到她的失落感和挫败感给他带来了征服欲。如果不幸再加一点好感，或者习惯，她完全有可能沦为这个"78男"的囊中物。

　　如果是我，首先我不会和这样的男人一起出现在众人面前，根本就不会给他任何机会。如果不幸要一起出去，我会给他多一点脸色看，让周围的人都明确地知道我不在意这个男人。当他对别的女人表示好感的时候，我会装作如释重负的样子。不管我是否在意他，一定会表现得不够在意他，这样才能让他永远把握不住我，永远觉得我有神秘感，永远有那种"还差一点火候"的感觉。

　　如果女孩子真的爱上，或者需要这一类男人，那么不用对他"太好"，不要对他抱有莫大的希望，像养宠物一样对他就可以了。千万记得，不要为了他而哭，不要为他而痛苦。"奴隶"需要的是女王，需要女方永远保持完美形象。当他觉得你普通庸俗、不过尔尔时，他会躲得比兔子还快。

　　在你对他心软之前，你一定要反复告诫自己，当你反过来俯在他西装裤下的时候，他会不适应，他是否会失落？他是否会没有安全感？他是否会跑开？

　　把握这样的男人很难，最难的就是始终要有一种施舍的心态，不要以为他有钱，或者有地位，或者有权势，他就不是爱情奴隶。只有你永远保持完美，在恋爱中处于高高在上的地位，才能让他们死心塌地地爱着你。

　　总而言之，要征服这样的男人，你一定要有很强大的内心才可以，因为他们不习惯别人对他们好。

　　另外，这样的男人不太容易忠实，这是本性。没有忠诚的奴隶，就跟没有仁慈的帝王一样。如果你自认可以把他死死踩在脚下，让他永世不得翻身，让他永远地陷在自卑里面成为老家奴，那就OK。否则的话，还是离他远点好。

　　世间有很多的悲剧，最大的悲剧莫过于你明明不是一个女王，却搭配着一个奴隶。

男人的单身保质期有多长

果果跟小Z是在去越南的旅行团里认识的。

那时，她刚失业，他刚失恋，都是一个人参加的团，而旅行团里的其他人要么是情侣，要么是家人，就他们两个落了单，所以两个人很自然地就结成了一对。

两人互相帮忙拍照，游玩的时候走在一起，晚上自由活动时结伴去大排档吃夜宵，聊天……

到旅游的最后几天，团里的人就都在开他们俩的玩笑了，说"男未婚、女未嫁，干脆凑一对得了，也算是这次旅行团的最大成果"。

果果偷看小Z，他只呵呵笑着，不置可否。

说实话，果果对小Z很有好感，有人说："旅途是考验情人的最佳途径。"恰恰是小Z在旅程中表现出的体贴、细心、好脾气，让她怦然心动。

果果觉得小Z应该是不讨厌她的，在旅行的七天里，他对她很好，而且什么话都跟她谈，包括他跟前女友的事情。

旅行回来后的第四天，小Z给果果发了短信，问她在干吗，接着两人你来我往大概发了几十条短信，果果最后回了一条：要不出来见个面吧。

两人约在了中环广场的星巴克见面，没有了异国他乡的背景，两个人都有点局促，似乎也变陌生了些。当天晚上有些冷场，小Z的话不多，果果也觉得兴味索然，想自己可能是自作多情了，人家根本就没那意思。

可是那之后，小Z却突然热情起来，经常约果果吃饭、看电影，有时也说一些暧昧的话。

两人进展得很快，不久之后，就发生了性关系。

接下来，算是进入了他们关系的稳定期，小Z有时到果果这里来过夜，她有时也去他那儿。

谈恋爱的这段时间里，果果还没找到工作，存下来的钱也花得差不多了，而小Z一个人住着一套两室一厅的房子，果果就提议把她租的房子退了，搬过去跟他一起住，既能把租金省下来，同时还能照顾他的生活。

想不到的是，小Z居然拒绝了，说什么婚前同居不好，他愿意每月贴补果果一些钱，让她租房子和慢慢找工作。

果果听了很气愤，问他："那你说说我们俩的关系，我算什么，是你女朋友吗？"

他沉默了一会儿说："是。"

果果说："既然是你女朋友，你为什么要这样对待我，我不相信一个认识三个月就可以上床的男人居然会保守到无法接受婚前同居！"

一向好脾气的小Z，却不耐烦地挥了挥手说："随你怎么想吧，我不想管，你也不要逼我！"说完就扬长而去，把果果气坏了。

现在两人仍然在冷战中，小Z虽然发短信来道歉，但涉及要不要住在一起的问题时仍然死不松口。

其实，果果觉得自己倒没有脸皮厚到一定要跟男方住在一起的地步，她只是对他的态度感到很不爽。她觉得，正常的男人都不会有这种反应，所以果果现在怀疑的是，小Z与前女友还没断干净，怕跟她住在一起让前女友发现。

因为相处这么久，他从来没带果果见过他的任何朋友和熟人，也不喜欢她去他公司找他，有时小Z跟朋友聚会唱歌，果果想跟着一起去，也会被他以种种借口拒绝掉。果果越想越觉得他肯定是对前女友还没死心，不带她见朋友也是因为他怕圈子里的人知道他交了新女友，然后告诉他的前女友。

这种想法折磨着果果，让她很痛苦，她不知道是不是自己太多心了。是继续这样以他喜欢的方式交往下去，还是去问个一清二楚，看他跟前女友是不是还藕断丝连？

说这个例子的意思是：未婚又单身的男人，遇到看对眼的情况，一定会毫无顾虑、迫不及待地自我推销。

要是他迟疑或者并不热衷，大概背后多少都有些难言之隐。而在男方不够主动的情况下，你强求来的感情多半会半途而废。

排除个性因素，一开始就对你并不热衷并不热忱的人，到后面更加热不起来。他们最擅长的就是用温暾的态度，倚熟卖熟，靠着你对他的情感投入而变相挟持你继续付出。

女人和男人不同，生理结构的不同决定一切的不同，不管果果有多喜欢小Z，他们未免也发展得忒快了点。

有一个著名的理论：存在时间越长的东西，继续存在的可能性也就越大。

当然，并不是所有东西都可以用时间来衡量的，但是我想对于大多数女人而言，都会希望和心爱的人白头偕老吧。

所以我们应该把纯谈恋爱的时间拉长一点再拉长一点，控制一下节奏，好过迫不及待。

等到对这个人有了更多的了解，至少见过了亲戚朋友，有进一步的关系之后，再做正式交往的打算。

在此之前，最好把声明做好，让对方了解你的价值观、世界观以及对未来的打算。

至少在我自己而言，只要觉得一个男人不适合做我孩子的父亲，我就绝对不会和他发生关系，这是最好的对待感情的态度。

姐妹们如果依照这个准则来行事的话，一定会少受伤害，至少不会闹出这种愿意和别人同居（还不是结婚！）都被拒绝的笑话。

从果果和小Z后来的相处中可以看出：很明显他并没有把她当作唯一，没有以她为荣。

不要低估了男人的虚荣心，若是一个男人以自己的女人为荣，他一定会迫不及待地昭告天下。

果果可以设身处地地想想，自己的荣耀、自己身上的闪光点，是不是自己永远都巴不得众所周知？

只有暗疮隐疾和不光彩的部分，人们才会藏着掖着。

恕我直言，现在的果果就是小Z的暗疮隐疾。

目前最好的办法就是明确表态，然后断绝性关系，再也别理这个人，除非他完全改过自新，否则就当作什么都没发生吧。

离开一个Mr.Wrong（错的人），就会离Mr.Right（对的人）更近一步。我想，这大概是我能够想到的送给果果的最好的一句话。

你还在犹豫？别人在冲刺

...

　　我的一个旧时同学琪琪遇到了一个男孩，开始是他想追求琪琪，两人一起出去玩过几次之后，琪琪对他印象越来越好，慢慢地喜欢上了他。

　　他细心体贴，琪琪觉得他是个结婚的好对象。虽然她还没下决心是否跟他交往，但是她的种种行为暗示了他"我愿意和你在一起"，就此两人一直保持着暧昧的关系。

　　有一天，这个男孩送给她一份挺贵重的礼物，琪琪虽然欣喜，却也觉得太过突然，有些不知所措地回绝掉了，那天她表现得非常不好。

　　之后那个男生再也没有主动联系过琪琪。

　　一个月后琪琪主动联系他，给他打了两次电话，他却只当普通朋友一样敷衍了两句。

　　琪琪很失望，本来想放弃了，可当她过生日时，他却寄了一份小礼物给她，令她很惊喜。

　　琪琪再次主动跟他联系，可约他，他还是说没时间、不出来。所以琪琪现在摸不透那个男孩究竟是怎么想的，她也不知道自己是应该放弃还是继续争取一下。

　　她说"那天表现得非常不好"，这句话藏得那么深，甚至有些隐晦了，试图一语带过什么呢？

　　人家想和你交往，你没有表现出愿意的态度来，那人家当然就死了心，另觅良人去了。总不能指望一个男人喜欢你喜欢得发疯，被你拒绝了之后还死皮赖脸地紧跟着你吧？除非你是奥黛丽·赫本。再说，世界上要是有后悔药，别说婚姻，只怕诺贝尔奖全部都会易主。当然，这个男孩也并没有那么喜欢她，否则便不会一遇挫就止步不前。

　　这两个人就好比买卖的双方，你没有想好手中的瓷器值多少钱，他也没有十足的诚心要买，他出了个价，你没有答应，他就去下一个摊位了，这很正常也很自然。千万不要告诉我爱情是唯一的、专一的，你们之间只是好感，还不能算爱情。你总不能对人严对己宽，自己明明犹豫不决，却要人家对你死心塌地。别把自己当成世界上唯一的女人，好女人多了。

　　好，批评的话不说了，我们来说补救措施。

　　其实能听出来，琪琪一开始并不喜欢他，他可能有很多条件不尽如人意，而她是被他慢慢感动的。可是现在，他们位置调换了，他不愿意追你了，所以现在再说"开始是他想追我"这些就完全没有意义了。

　　琪琪还应该问问自己：愿意不愿意倒追他呢？愿意接受一份"并没有那么喜欢你"的爱情吗？这么长的时间过去，没准人家已经有新对象了；或者在你犹豫不决的时候，有女孩子倒追了他。所以你还应该多考虑一个问题：你愿意不愿意和别人公平竞争他？

　　当然，例行提醒一句：倘若不会快刀斩乱麻，不会对自己狠心，当然就会轮到别人对你快刀斩乱麻，别人对你狠心。

幸 福 爱

从 新 手 到 高 手 的 爱 情 修 习 课

逼婚的最高手段

. . .

　　女孩要明白：性的主动权在女方，但是婚姻的主动权在男方。婚姻不是你们XXOO之后男方就顺理成章给你的，你得像他和你争取交配权一样争取他给你婚姻。

　　有一个女孩叫蝴蝶，今年28岁，和男友（31岁）在一起快两年了，但今年他们才结束异地生活。

　　来到男友这边后，蝴蝶一直没找到合适的工作，目前在家写东西（有点小收入）和学习（明年拿到证书可以找工作）。他们都见过对方的家长，这半年里蝴蝶还为他流产过一次。

　　今年春节，蝴蝶的父母会来他们这边。她的想法是，先把他们俩的事定下来（登记），她不想再拖了。与其给自己一个美丽的"谎言"，还不如认清现实。男人不会仅仅因为和你有感情就跟你结婚。如果两个人没有结果，那么就早点把位置空出来好了。

　　男友是一个比较冷静现实的人，很聪明，对感情投入不是很多，之前他们异地的时候，也就是上网联系，两个人都是比较有主见的，不会太依赖对方。

因为蝴蝶没有工作，所以他一再把结婚时间往后推。给出的理由之一是蝴蝶没工作，以后两个人经济上就会有压力。另外他还有一个观点是：没有工作就会导致人生没有追求——这也是他让蝴蝶流产的原因（流产的事蝴蝶父母并不知道）。这个观点蝴蝶基本同意，她希望有自己的事业、自己的生活，但目前以她的能力的确找不到合适的工作。她并不是没有追求，也在考证准备转行，男友明明有能力帮他，却什么都没做……

很多女人都有这样的苦恼，在最后一步如何进行谈判，才能让他尽早和自己登记领证确定下来。这其实是典型的大龄女青年如何进行逼婚的问题。

想要逼婚，你得先知道婚姻是什么。孩子是女人怀的、女人生的，女人的生殖潜力比男人低得多。因此：

1.孩子对于女性而言比对于男性而言重要；

2.孩子对于女性而言，质比量重要。

　　而男人呢？他们有着巨大的生殖潜力不假，但问题是，倘若他们只愿意播种不愿意负责，那么女性压根儿不会愿意和他们发生关系。因此在两性的不断对峙、磨合中，人类发展出了婚姻这种相处形式，也就是伴随承诺的长久关系。而一夫一妻制的婚姻，更是千百年以来，人类在不断的磨合中寻找出的最佳的博弈模式。

　　我们都知道二十多岁的女性和三四十岁的成功男性拥有较高的选择权或者说生殖权，而对应的三四十岁的女性和二十出头的年轻小伙子在择偶市场上则比较弱势（即使有法律保护和舆论约束，现状也依然如此）。

　　这些问题表面上看和蝴蝶的问题关系不大，但细想一下蝴蝶应该可以看出几点问题：

　　1. 女性的生殖价值随着年龄增长而降低，因此如果已经不太匹配，而男方对你并不热衷，那么早点止损很重要。

　　2. 男性如果能轻易地得到性，他们就会对婚姻没那么热衷。所以，最好的逼婚方式，就是和他断绝性关系。

　　结合实际，大龄女青年应该怎样逼婚呢？蝴蝶完全可以在不经意间告诉他（千万别严肃）："我们相处两年了，我觉得和你在一起很快乐很开心，但是我认为一段健康的恋爱应该是以婚姻为前提的。当然我不是现在就向你要婚姻，我只是想听听你对未来的期许。"

如果蝴蝶的男朋友是真心想要和她结婚，一般会愿意给出结婚期限——注意，不是下次讨论这个问题的时间，而是正式结婚的期限，而且会向她承诺未来。

如果蝴蝶的男朋友告诉她两三个月之后再谈，那么，请告诉他"我不是那种无限期和人恋爱的女孩，既然你说过几个月再谈，那么我们暂时搁置这个话题，两三个月之后再谈好了。但是如果到时候你再往后拖，我就会认为你是一个失信的人，从而开始怨恨你，这样对我们大家都不好"，然后过两三个月再谈。

但最可怕的就是，倘若他只给蝴蝶一个含糊的说辞，例如"过段时间再谈"，或者"等你有了工作再说"，那他实际上是不太愿意和蝴蝶结婚的。如果蝴蝶依然愿意和他结婚，那么蝴蝶一定要自己找个地方搬出去，然后逐渐和他减少来往。从原本的百分之百减到百分之七十，再减到百分之三十，偶尔让他找不到自己，但不要让他觉得自己是和别的男人在一起。每次他打电话，不要马上接。直到他来敲门求婚——如果他没有来，只是半夜喝醉了打电话说想你，那么请挂掉电话，女人需要的是老公，而不是性伴侣。

等你拔腿要走了，他才会着急扑上来

...

　　读研二的茵茵跟男朋友在一起一年多了，感情很好。

　　他们是同学。据茵茵说，在研一时她就对他有了好感，主动跟他联系。因为茵茵本身长得还可以，性格也不错，所以男友就接受了她。刚开始他对茵茵比较冷漠，他这个人也是比较冷静理智的人，从来不会为感情狂热或奔放，但是为人很正直，也很上进，茵茵很欣赏他，所以一直努力去改变他。他虽然本性冷静，但是跟茵茵的性格很多时候可以形成互补，时间久了，他也就看到了茵茵的好，逐渐地欣赏她、喜欢她，也变得离不开她。现在到了研二，两人关系很稳定，基本上没有大的争执，有时候也玩点小浪漫。茵茵常常庆幸自己当初的选择和决定，很高兴自己找到了这样的人。

　　他们也都见过了对方的父母，家长对他们也都比较满意。可是现在有一个问题，今年下半年茵茵和男友都将要读博士了。茵茵的爸妈觉得两家父母可以正式见一次面，商量一下订婚的问题。可是男友却极力反对，他觉得他们的关系很稳定，以后肯定是要结婚的，没必要这么着急订婚。他觉得茵茵的做法，简直就是在逼婚。本来茵茵是不在意这些的，反正他们之前也说过，博士毕业后就结婚。她也不是那种会担心男人跑掉的人，男人真要走的话，她也不至于寻死觅活。可是她现在很不满意男友的态度，她不知道是自己太过敏感，还是男友年龄太小担不起这个责任（他比她小一岁），但是他的态度不得不让她重新审视这段感情。

我这辈子，从来不认识任何一个"不会为感情狂热或奔放"的男人。我只知道所有男人都不会为某段或某些段感情而狂热奔放。

女人最擅长自我麻痹，用愿望来反推现状。在你高兴找到这样的人的时候，他或许未必有你说的那么好。原谅我不得不做这样残忍的假设，爱情的墨菲定律就是：在你感觉似乎有问题的时候，一定已经出问题了。还有一条定律：你有多在乎某个恋人，对方就有多不在乎你。

茵茵的男友之所以接受她，不是因为她本身长得还可以、性格也不错，而是因为她是个女人，他需要一个还过得去的女人，正好茵茵送上门去了，反正下雨天打孩子——闲着也是闲着。而且，他的接受仅仅是接受，而不是爱。相信我，你感觉得到他眼里的如胶似漆，或者离不开你，这个叫作需要，以及占有欲，而不是真正的爱情。真正爱一个女人的话，他们会迫不及待地要和她结婚，生怕给她多一秒的时间，使得她还存在被人抢走的可能性。

或许你要说："那他为什么要和茵茵在一起呢？去找他的真爱不是更好吗？"我会反问："在他没有找到真爱之前和茵茵在一起，有什么损失吗？"没有啊，有温香软玉作陪，总比一个人寂寞来得好，顺便可以解决性需要，免得和右手形影不离。换了我是他，我也很乐意和茵茵在一起。

茵茵也许会想，我不需要那么一份轰轰烈烈的爱情，我只需要平平淡淡细水长流两个人在一起共度余生。不过，你能那么笃定他不需要吗？也许人过中年，你不得不面临他与他的"真爱"比翼双飞而去这么一个惨淡结局，他还会抛下一句："一开始就是你追我，我不过是勉强接受了你，从头到尾我都没有爱过你。"

哗,想想都觉得凉到骨子里。

不要说什么博士毕业就结婚,茵茵的决定未见得是他的决定。三年何其漫长,已经足足可以让一个人离婚结婚十次。或许他表示过同意这个决定,但只是不想现在和茵茵闹翻而已。见过父母也不代表什么,倘若男友"红杏出墙",茵茵还能找他父母要人去?

我们国家其实没有订婚一说,要么结婚要么不结婚,订婚是没有任何法律效力的,订婚后反悔虽然可能受到道德谴责或者有少量钱财损失,不过和很多人所谓的"真爱"比起来,算不得什么,所以实际上订婚是没什么必要的,只是他那么抗拒订婚,倒是显得可疑。我觉得茵茵可以四面出击,和其他的男友候选人接触看看,反正自由恋爱,他又没给你什么靠谱的承诺。

有时候男人是很后知后觉的,非等你拔腿要走了,他才会急着扑上来。

幸 福 爱

从 新 手 到 高 手 的 爱 情 修 习 课

二人世界里的
多人纷争

贪该贪的情，爱值得爱的人。

不合尺寸的恋情，只会给你带来切肤的痛。

爱情中的贪心如同玩火

...

　　桃子在年轻的时候被一段感情伤害过，那是她的第一个男人，但是后来她才知道这个男人不过是个骗子，骗了她少女时代的情感和一切。

　　在这之后，她说自己"再也不渴望真挚的情感了"。

　　那次伤害所带来的阴影使她花了整整两年的时间才得以摆脱，当然，这不仅仅取决于时间的力量，还要归功于她的第二个男人。

　　第二个男人叫华，他陪着桃子度过了很多难捱的日子，两个人是从朋友慢慢变成恋人的。

　　桃子向他倾诉自己内心的痛苦，事无巨细都一一地告诉了华，华用心地安慰她，抚平她内心的疮疤，然后桃子发现自己爱上了他。

　　用她的话说，"我真的很感动，他在我身边半年多的那段日子我很开心，渐渐地忘记了上一段感情所遗留的创伤"。

　　可是现在，华去国外留学了，两个人不常见面，寂寞难耐的桃子在另外一个男生鲜花巧克力的糖衣炮弹攻势下，接受了新的恋情。而同时，她也并没有向远在大洋彼岸的华提出分手。

桃子对于这种行为，有自己的理由：我又有什么办法呢，他要去国外这么久，我很多朋友都说他说不定在国外也有恋人了，而且女孩子哪有那么多的时间去等待呢？

最后桃子甚至开始怨天尤人，把这种结果归咎于上天的过错，认为这是上天不希望人太幸福，所以要让一对情侣在最幸福的时候经受这种折磨人的考验。

桃子现在身边的男朋友也对她很好，甚至胜于华。

她觉得和现在身边的这个男人在一起，心里会很平静，因为他不知道桃子那次失败的感情经历，不知道她的过去，所以她选择了隐瞒。

而华对她的过往了解太多了，在一起时想起那些事，时常会让她产生些许担忧，担忧他内心对自己的看法，也后悔曾经对他的坦诚。

其实这又谈何隐瞒，谈何坦诚呢？选择告诉抑或是不告诉对方，是桃子自己的权利。

既然当初桃子选择了把一切都告诉华，那么现在就算自己后悔了，也不能在潜意识里把自己心中的那种不安全感归咎到华的身上吧。

担心华会"翻旧账"，会揪住她的小辫子，这种所谓的不安全感，纯粹都是从桃子自己内心滋长出来的。

她却不想，曾经那么踏实地陪伴在自己身边的华，也许根本不会有这种想法呢？

桃子的这种不安和忧虑在心中悄悄滋长着，越堆越大，导致了她错误的做法，她却还自认为这是一种"自保"，是一种"无奈的""正确的"做法。

桃子对华隐瞒了自己在国内的状况，不仅欺骗了他，也欺骗了自己现在的男朋友。

说得严重一点，倘若她现在的男朋友对她有认真的打算，那么桃子就等于欺骗了这个男人的未来。

现在的她，就像一个小偷，偷了别人的东西，还一脸无辜地说："我好自责啊，我不想这么做，该怎么办才好？"

更为可悲的是，她为之羞愧的并不是偷了别人东西这件事情本身，而是在偷人家东西之时，竟然没有穿上笔挺的西装、漂亮的礼服。

她也许并不清楚什么样的品格才是让一个社会人引以为豪的，也并不知道什么行为才是一个社会人应该为自己感到羞愧的。

她一方面想要顺应部分男性的价值观，用他们的价值观要求和肯定自己；另一方面，又豁不出去让自己始终顺应男性的价值观。

谈男友不是考大学，既然没有快刀斩乱麻的果断能力，还不如往开了想，没必要钻牛角尖般地严于律己，用他们的价值观要求和肯定自己。

把自己困在左右为难的境地，又表现出"不得不这样的"逃避责任的态度，实在难以让人同情。

男女交往本身就是互相信任、情投意合的事情，既然做不到，还不如趁早分开。

如果要用一种高尚的价值观来要求自己，那我需要说的是：当两个人成为恋人，就应该对这段关系负一定的责任。

恋爱虽不是像婚姻一样需要从一而终的责任，但是在你选择和别人开始一段新恋情的时候，至少要坦白地结束上一段恋情吧？

你所谓的"前任恋人"应该具有知情权。你没有权利享受着两个人的宠爱，却让他们都以为你是他们的唯一。

恋爱本身就是在磨合，在选择。如果你下定决心了断一段感情，只要原因不背离道德，那么本身谈不上背叛或者罪过，这是自由恋爱赋予你的权利。

但若你选择了逃避和隐瞒，抱歉，问题不会因为你的鸵鸟态度而自动清

零。而且当你的两位恋人有朝一日短兵相接的时候，没有人会站出来保护你。

最后再多说一句，桃子对华心态的猜测，我之所以会不认同，是因为他们已经经过了一段时间的交往，一个男人是否介意你的过去，你需要多久才能看出来？

若是华心中真的有想法，敏感的桃子会察觉不到吗？

所以桃子所谓的担心是太明显而且挺伤人的借口。

但是我要说，如果在初期交往的时候桃子心中怀着这样的担忧，我是可以理解并且认同的。女人要知道——如果一个男人因为你过去爱过别人、受过感情伤害这件事而不爱你，那么你应该庆幸，他不是你的Mr. right。

寻找到真命天子本来就是一件很难的事情，你可以当你的坦白是第一道过滤纸，滤掉那些不值得你浪费时间的人，在知道一切后还接受、还疼惜、还愿意执子之手的人，才是你的Mr. right。

爱情中，做个高尚的聪明人——你的从前是什么样子没关系，过去了就过去了，只要不是你的错，就丢掉心理包袱，翻开新的一页，他要面对的是新生的你。

幸　福　爱

分手仪式要不要

我一个女朋友失恋了，她说，那个男人不接她电话，不回她短信，连一句分手都没说。

我说："这还好吧，不然再短兵相接，你会看见更加丑陋不堪的真相。"

她伤心欲绝地说："他只要告诉我一句他已经决定分手，我就可以毫无留恋地走开，他为什么不愿意让我解脱？"

我对她说："你这不是自欺欺人吗？要是说放下就能放下，那还留恋什么？为什么非要借助一个仪式来做了断呢？"

男人不肯出面分手，无非两种情况：

1.这男人是个胆小鬼窝囊废，没有半点担当。放弃你是他的一种选择，而他居然连面对选择的胆量都没有，这种男人趁早废了他，跟他分手算走运。

2.抱歉，他是故意的。两人毕竟亲密相处了那么长时间，他难道不知道这样的做法会让你痛苦、不安吗？他当然知道，而且他的潜意识里，没准正是想让你痛苦和不安的。千万别以为他不会这么残忍，16世纪法国作家蒙田在随笔里写过：人在看到别人受苦的时候，心里会有莫名其妙的优越感和快感。要不怎么古来杀头问斩都有众多百姓围观呢？

两个人相处，一定有许许多多的小摩擦和不愉快，有些人会不断积累这种怨怼，到某一个时间突然爆发出来，落到实处，就是让分手分得痛苦不堪。

我一个研究心理学的朋友对待分手的态度很简单，但是异常有用：放下，忘记，继续向前走。

放下，这是指不要对已经破碎的感情报以希望，不抱希望，就永远不会失望了。

如果还怀着沉甸甸的希望，一定会举步维艰。最好的做法莫过于关上这扇门，把所有过去的喧哗都压成背景音乐。

当然，在你走出来之后，他一定会后悔，不过这种后悔多半远远达不到勉强自己来重新追求你的地步就是了。

忘记，就更要做到。心理学家弗洛伊德说："遗忘是与无意识相关的一种基本防御本能。"

这句话很容易理解，当对方陷入自我催眠，下意识地逃避你的时候，他们也会忘记很多东西。

在这个时候不断地回想对方的好或者不好，反复问一些诸如"为什么他可以把我们甜蜜的时刻忘得那么干净""为什么他什么都忘掉了"这样的问题，除了让你自己更加痛苦之外，没有任何益处。

关于继续向前走。如果真是有心，他自然会来跟随你的脚步。

如果连这点心意也没有，那咱们更应该走得大步流星一点。

像我这个朋友，很大程度是怕对方再回头的时候，自己的新平衡又被打破。我想，要解决这样的问题，就一定要拿定主意，给自己一个deadline，杜绝老是生活在幻想中。

在所有的传说里，永远在死难处徘徊的魂魄是无法往生的，不承认自己已经死去的魂魄也是无法往生的。

要承认自己失败，是很痛苦的一件事，但是一定要承认，才会有力气放开、有机会恢复，并且重新快乐起来。

甩啦，甩啦，甩了他

...

　　叶子是我的一个读者，在2013年年底通过一个交友网站认识了现在的男友，见面后两人第一印象都不错，那个男人叫枫，是东北人，一个人在上海租房住。

　　之后枫总是叫她去他家吃饭，叶子觉得突然有个人来关心她了，很开心很幸福。

　　两个人感情慢慢地升温，没多长时间就发生了性关系，这是叶子的第一次。用她的话说："我以前一直都反对婚前性行为，可这次就连自己也控制不住了。"

　　当时两人说好以结婚为目的交往，他的经济状况叶子不了解，只知道他是自由职业者，做广告的，他每个月赚多少也从来没跟她说过。

　　可叶子觉得，只要真心相爱也没多大关系，可以一起奋斗。

　　之后的事情就不是叶子想象中的那样了。

　　叶子经常主动联系他，他却有些爱答不理，叶子说一起出去旅游，他居然说要AA制。

　　虽然叶子很难过，但是她的感情经历不多，也不想再折腾，还是努力经营着这份感情。

就在2014年年底，叶子意外怀孕了。这自然要牵扯到经济方面的问题。枫并不想承担太多的经济压力，执意想让叶子家里多出钱买房，这让她很失望。

接下来叶子又发现他的手机里有暧昧短信……枫在叶子诸事不顺的时候火速地和另外一个女人好上了。

叶子不知道该怎么办，她说她还是放不下枫，但是自己究竟应该怎么处理这段感情呢？

再说一遍，我从来不提倡女孩子追求男孩子。女孩子需要的最多是一个媚眼，害羞地笑一笑，剩下的事情，请全部交给男孩子来做。

男孩子的体力比女孩子好那么多，干吗用的？就是用来追女孩子的。

他主动而热烈地追求你，付出代价良多，日后倘若反悔，必然念及之前重大的沉没成本，未必肯再劳神伤筋动骨；还有一个隐含的念头是：当年热烈追求你，而今又抛弃你，恰恰证明自己没有眼光、没有预见性，着实是自己抽自己一个大嘴巴，很少有人会愿意做这样的傻事。

而被追求，或者像朋友一样的开始，便有很多不同。

到了男孩子首先提出分手的时候，就怕他会说："当年是她追的我，我是不忍心伤害她才接受的。"

《欲望都市》的编剧葛瑞哥·贝伦特出了一本书，叫《甩啦，甩啦，甩了他》，里面有句话十分精辟。我看完整本书就记住了这一句，而且这句话也特别适合叶子——"除非他整个是你的，否则他还是别人的。"

当你觉得一个男人想与你分开的时候，最好的办法就是整个丢掉，或许你还有捡回整个或者另一个整个的机会。你越用力去抓，越主动联系他，他便会跑得越快。

鉴于叶子的这种处境，我很难几句话说得明白，不如送两段名家的话吧：

1.怀才不遇的穷书生，不是你心甘情愿跟他挨生挨死，他就会越加疼你爱你的。男人一不得志的那口鸟气，喷到妻子的脸上去，比屁还臭，可以叫你委屈得宁愿速死。

——梁凤仪《花帜》

2.别以为小赵这种人容易应付，他一样有七情六欲，在公司受了气会对家人发泄，升了一级半级会觉得伴侣配不起他，看见更年轻漂亮的女子立刻目不转睛，一般需九牛二虎之力来应付。况且，女子收入还得用来贴补家用，还有，公公婆婆动辄发难。

——亦舒《黑羊》

希望叶子会更清楚自己该找什么样的朋友，不该找什么样的朋友。只要并非心甘情愿，麻烦你不要轻易开始，并不是你以为他珍惜，他就会珍惜的。

从小养个儿子也未见得事事如你所愿，更何况与一个之前人生20年和你完全不相干的男人在一起。

爱一个人，当然需要付出代价，只不过有的人付出的代价低，有的人付出的代价高。

但是当对方不爱你的时候，你还继续紧跟不放，那么你不可避免地就会继续付出更昂贵而且纯属多余的代价。

闺密的支持并不是你的救生艇

. . .

和闺密讨论爱情和生活，这是女孩子解决问题的标准形式。

特别是在遇到和男友有矛盾的时候，女孩子第一个想到的，多半是自己的闺密。

当然，平时能够相互抱怨、发泄心中郁闷、交换信息、唠叨唠叨，关键时刻还能冲在最前面掌捆负心汉的人选，只有闺密。

只是，在爱情的问题上，我觉得女孩子在向闺密抱怨男友之前，一定要先想一想。

一般来说，闺密都是年龄相近、生活习性相近的人，你很难想象一个空姐和一个清洁工无话不谈。

年龄相近、生活习性相近的直接结果，就是你们对问题的看法是相似的，很难截然相反。

难道一个平时和你眼界水平差不多的人，远观一个她并不熟悉、只能间接由你带来信息的男人的水平，会比你高吗？当然不会。

闺密也是人，她的感受一定带着强烈的个人生活的烙印。

比如你今天因为和男友吵架乱丢东西，被一向温和的男友打了一巴掌，找闺密哭诉，而她正好听说了一个婚后家庭暴力打死老婆的案例，当然就会劝你赶快和男友分手。

倘若她正好听说了一个女孩子和男友经常打打闹闹，但是感情很好，尤其是生完小孩后，两人的感情更深了，当然就会劝你忍一忍。

这样带有强烈随机性的劝告方式，并不见得适合所有个例。

是的，闺密的话当然听了舒服顺心，那是因为闺密对你讲的话，永远都是站在你一个人的立场上考虑的，你的另一半的任何理由，都不在她们眼中。

话说兼听则明、偏信则暗，你闺密的信息来源渠道是单一的。

另外，她们听到的负面消息永远比正面的多，这就是闺密往往又被称为爱情终结者的缘故。因为她们做的任何事、想的任何事，其实都和男人没有太大关系，只是基于你的发言总结出来的东西。

俗话说，好事不出门，坏事传千里。听到被你描述的男人竟然如此十恶不赦，闺密往往会拍案而起，这也就是一段爱情破裂的开始。

当然，如果你的所有朋友都嫌恶你的男友，大概有两种可能：一是他确实不好、不值得交流；或者大概是因为你没有在众人面前给他树立起一个良好形象的缘故。

世界上哪有那么多恶贯满盈的人呢！学会宽容一个人的缺点，特别是你最爱的人的缺点，或承受或爆发，这是你自己应该做的选择。

抱怨和唠叨的那些话，闺密听久了也是会厌烦的，只是因为心疼你，才会愿意忍耐，帮你出主意罢了，我们不过度使用闺密的耐性也是对她的一种尊重。

总而言之，女孩子在向闺密诉说之前，一定要好好想想再开口。这样的诉说除了能让你解气之外，真的能够解决问题吗？

你的诉说一定是贴合事实，包含上下文，能够提供足够的细节让对方参考的吗？

她一定能够公正公平，不掺杂个人私心，很稳重中立地告诉你应该怎么做才正确吗？

如果你真的有这样一个闺密，我实在是要恭喜你。

但是我相信，大多数人没有那么幸运。

被闺密抢男友的帖子层出不穷，实际上，闺密们多半也不能想象会发生这样的事——在事情发生之前。

我每次都会提醒抱怨老公的闺密们注意，我对他这个人没你熟悉，也没有你了解，无法形成直观认识。

我所了解到的他，都是你给我建立的印象。他其实远不像你说的那么坏，即使他真有那么坏，也必定有比这么"庞大"的坏更"庞大"的好来抵消。

否则，为什么你不离开？莫非你就是传说中斯德哥尔摩综合征[1]患者？

恋爱结婚这些问题，是比你的工作更复杂的终身大事，挪一挪就伤筋动骨，自己的鞋合不合脚，只有自己知道。

任何好男人都有坏的一面，任何坏男人也有好的一面，能够感受到最多的，是你自己。

所以，不要让闺密成为决定你爱情走向的路标。

[1]Stockholm syndrome，是指犯罪中被害者对犯罪者产生情感，甚至反过来帮助犯罪者的一种情结。这种情感造成被害人对犯罪者产生好感、依赖心，甚至协助犯罪者。

可以听，甚至是一定要听，但是首先得学会独立思考。权衡利弊这件事，不能交给旁观者来决定。

一个好的闺密，会给你做参考，帮你解气，但是关键时候，她会提醒你，不会怂恿你下判断。

但我也想建议你，在最甜蜜的时候，应该要保持有一个以上反感你男友的闺密，这样可以时刻提醒你，不要得意忘形；而在最困难的时候，要有一个能够鼓励你积极进取、愿意主动牵线的闺密，这样可以让你不至于自怨自艾、了无生趣。

一个真正好的闺密就像那枚涵盖人类所有智慧的、献给所罗门王的可以解决一切问题的戒指，上面刻着的字是：这也会过去。

总是戒不掉他

...

　　一个叫灿灿的女孩在大四实习那年，认识了一个同样的实习生李哲。

　　灿灿是个很浪漫的女孩，虽然她对李哲的第一印象并不是十分有感觉，但是她认为和李哲就是很有缘分，于是两个人在一起了。

　　经过两个月的热恋期，突然在一次约会前，李哲给灿灿打电话说今后不要再见面了。

　　灿灿不明白到底发生了什么，很郁闷，但还是给李哲打了电话，两个人约好了见面谈。

　　见面之后，李哲说想分开的原因是觉得他们俩不合适，可是谈到最后，李哲又答应和好了。

　　结果，第二天李哲又当什么事也没发生过一样和灿灿在一起，说前一天的想法只不过是一时冲动。灿灿也就没再多问。没多久，李哲又故技重演，结果又像上次一样"圆满"收场。到现在为止，他已经这样反复搞过四次。

　　虽然灿灿心里明白，李哲已经不是那么喜欢自己了，可是她就是不舍得放手。

现在，李哲提出让灿灿搬出来和他一起租房子住，这样两人可以天天见面，可是灿灿害怕这个反复无常的男人又会像以前一样。

她开始犹豫，但是她对李哲的爱让她甘愿处在"奴隶"的位置上，想离离不开，想戒戒不掉。

我很坚定地说，李哲吃定灿灿了。他根本从心底里就不珍惜灿灿，不在意她。至于爱，呵呵，男女之间，没有珍惜和在意还说爱？简直太滑稽了。

不要问为什么他的态度反复无常，所有他对待灿灿的方式，都是灿灿教会他的。

这样死心塌地什么都不计较的傻姑娘哪里去找，两人没有结婚又不用负责任，即便不喜欢也可以相处看看嘛，反正不满意可以随时甩掉，到时候她还会哭着回来接受更多不平等条约。

换了我是他，我也会提出同居的要求，你不同意，正好分手；你要是同意，便宜不占白不占。

从一开始，灿灿就只有两种选择，分手VS不分手。不肯分手的话，当然就是把分手权交到了对方手里。

她就好比一个看着股市在跌却舍不得割肉的人，当然会面对更进一步的冲击，没有你们垫底，哪有赢家狂喜。

你和一个并不适合你、并不与你般配、并不爱你的配偶在一起，只会让你的身价大跌，同时还要面临被分手的痛苦。一个男人，如果并不坚定他是否爱你，你不如给他留个永远的念想，何必和他交往甚至同居，使自己身价大跌呢？

灿灿就是一个没有大局观的女生，且没有控制局面的能力，遇到大跌还不肯脱身，甚至要继续追加本钱，试图翻本。对于她，我无话可说。既然灿灿爱他，那就继续忍受煎熬吧，直到灿灿忍受不了，痛下决心把这个大恶疮割掉为止，不过，就怕那时候毒素已经扩散到全身了。

幸 福 爱
从 新 手 到 高 手 的 爱 情 修 习 课

他的前女友回来了

. . .

这两天有一个小妹妹一直在微信上跟我聊她的感情问题。

从2014年开始，她和一个男孩纯情地谈起了恋爱，那个人提议带她去见见自己的父母，她由于矜持没有去，其实是想多了解了解之后再定。

我问她："你们俩感情怎么样？"

她说："他没说过喜欢我的话，也很少有承诺，我有时候不确定这感情的深度，但一直都没有追问。"

我听了这话，心里立即明白了。

果然，她接着说："一周前，他开始不接我电话，发短信和我说要静一静。我答应了，两天后他留言说他前女友回来了，他放不下她，要跟我分开。我舍不得放弃，每天给他发短信，表明我的坚持和期待，后来他告诉我他们俩曾同居半年，感情比较深。而对我，他明显还没有陷入一个深的状态。我不知道，这段感情我该如何面对。"

我叹了一口气，告诉她："你应该要感谢他，能够对你说实话，让你死心。在这一点上，他真的做得不错。换了别的坏男人，一般都做出一副无奈或无赖状，像莫文蔚那首

《两个女孩》一样，告诉你两个都爱。"

你的感情是真的，她的感情也是真的，但是——两个真的里面必定有一个不是正主，不是你不好，不是你感情不够真挚，不是因为你有任何的不对。

你是一个不错的女孩子，问题是在他眼里还有更好的。决定权在他手上，你做什么都是徒劳的。

现在，既然这个男人已经做了理性的抉择，甚至用不联系来割断情丝，姿态已经如此决绝，你还有什么话可说呢？

他已经对你判了死刑，连缓刑期都没有，你能怎么办？

当然，你每天给他发短信这一点也无可厚非，但我要给你更进一步的建议是别在短信里表现急躁和哀怨，另外自己也要试着走出来，不要老是陷在这一段感情里。毕竟人家俩人朝夕相处耳鬓厮磨，当然会比你每天一条短信来得更为亲密。

在感情里，相见时难别亦难，放弃一段感情的时候，正确的做法就是从此挥别万水千山，再也不要联系，要开始则完全从零开始。

他没有做好，这大概是因为性格原因，或者历史原因。

你没有在一个正确的时间认识正确的人，这不是你的错，只能说你们没有缘分。

下一次遇到合适的，麻烦抓紧些、热情些，让你的感情和你的行动同步，多给对方和自己一点肯定。

俗话说，两害相权取其轻，两利相权取其重。

他选择她，不一定是因为"利"更重，也就是说并不一定因为他们更相爱，很可能只是因为"害"更轻——和你再培养感情到他们之前那么深厚，需要付出更多努力承担更多麻烦，那还不如和她重修旧好呢。

所谓的"感情比较深"其实也不外乎是两个人交集的程度比较深、被众人接受的程度更大而已。

倘若当时你见过他父母和亲朋好友，两人已经有进一步的打算的话，他放弃你就需要付出很高的代价，不仅需要向众人交代，需要特别多的烦琐的手续，还需要向自己的良心做一个交代。

最后送给这位小MM一句话：即便他因为另一个女孩辜负了你，也希望你不要因为他而辜负其他人。

分手的决定权掌握在另一方手里的时候，我们没有别的可做，除了问心无愧。

学会给感情翻页

...

对于爱情，在一般人的回忆里，80%是幸福，20%才是痛苦，因为我们大脑的遗忘机制唯有如此运作，才能让我们更加坚强地活下去。

但这并不表示痛苦真的就只有20%，实际上，人生的痛苦远远大于快乐，被记忆美化的恋情和恋人，再度生活在你身边的话，你们之间的美好会更短暂，痛苦会更不堪。

一个健康的人，需要尝试着活在当下，不要生活在被记忆美化的过去和充满不确定性的未来里。

要不，怎么有句老话叫作"不如怜取眼前人"呢。

我认识一个叫乔其的姑娘，她是个情绪很不稳定的人，从小敏感多疑，对什么事情都顾虑重重。

她的初恋男友因为觉得跟她在一起太累，所以以性格不合为借口跟她分手了。乔其心里很爱他，但一厢情愿毕竟没有好结果，她不愿别人可怜自己，更不愿纠缠不休，只好放手。

她反省过自己的性格，试图改正自己情绪善变的坏习惯，但事实上很多因素，包括父母的长期不和，促成了她这种极度没有安全感、喜怒无常的心理。

改掉它，谈何容易。

乔其现在身边有一个追求者，是房东的儿子亮子。

通常是亮子的妈妈来收乔其的房租，却不想有一次他"冒名顶替"，像从天而降的大兵一样，出现在乔其面前，正巧她那会儿不小心在做菜时切伤了手，亮子见了立刻送她去医院缝针包扎、跑前跑后，把收房租的事情都给忘了。

这么一来，乔其对他的第一印象非常不错，甚至有点淡淡的好感。

另外，乔其喜欢亮子的原因可能还有一层，那就是他和自己的前男友一样又高又瘦。在她内心里，始终有个挥之不去的影子。

自那之后。亮子彻底接替了他妈妈的工作，按期跟乔其会面，交涉房子的事项。

乔其感觉出他的一丝爱慕之情，不过也没想太多。

可是亮子妈妈的态度也与以前有很大不同，间或会打个电话过来嘘寒问暖，俨然不再是过去那个冷冰冰的女房东形象。

亮子加紧了追求的步伐，乔其一直很犹豫，一方面他比自己大七岁，另一方面自己对他过去的恋情也不了解，乔其很怕再被伤害。

摇摆不定间，亮子又做了一件让她感动的事情——有次她情绪跌入了低

谷，深更半夜苦闷地给几个亲密的朋友打电话，发现他们都没开机，无奈之下，胡乱发了条短信给亮子，没想到几分钟后他就打来了电话。

他跟乔其聊了好长时间，听她倾诉，还说之所以不关机，就是幻想着说不定她会有突发事情找他，他相信奇迹。乔其也相信奇迹，一下子感到两人心灵相通了。

那一刻，亮子的可爱和温存在乔其面前加倍地放射出光和热，成了乔其的救星。

她慢慢地发现了亮子的优点——包容心很强，这对乔其的情绪不稳定是一剂良药。

乔其想，这一点恐怕是他最适合自己的地方。跟他在一起，她会很轻松。但是，他们的职业、年龄、家庭背景都差得比较远，有时候亮子对她的思想也不够理解，总觉得她太要强，内心又脆弱，把生活搞得太累。乔其也很矛盾，不知道自己是不是价值观和亮子不一样。

一次同学聚会，乔其碰到了前男友，他很热情地跟她打招呼，还约她私下里聊了一会儿。跟前男友见面后，乔其心里很乱，莫名其妙地伤心，梦里经常回忆起往事，而且会偷偷地哭。

假若一切都像从前一样该多好，她忍不住幻想、假设，甚至做白日梦。

亮子发现她的情绪很反常，问她原因，她不敢说，怕他伤心，也觉得自己有些忘恩负义，太容易动摇。

没想到，乔其的前男友竟然开始跟她频繁地联系起来，先是发短信，后是约吃饭。

乔其没有拒绝他，他似乎还在吸引她，或者，是有关他们的回忆还在吸引着她。

前男友说他还是单身，他想重新开始，让感情重生。乔其记得自己在分手的时候，是那么生气、那么伤心，发誓无论如何都不理他了。

现在呢，却又心软了。

可是亮子对她很好，发现她最近不开心，就担心她工作压力大，于是一到周末就带她出去玩，想帮助她放松心情。她觉得自己没有理由背叛亮子，但又有一些天真地想与前男友和好，她想或许前男友是已过尽千帆才回来找她。

经济学里面有个词叫"沉没成本"，是指无法回收的成本支出。

沉没成本是一种历史成本，对现有决策而言是不可控成本，从这个意义上说，在投资决策时应排除沉没成本的干扰。

这段话的意思，举例而言是这样的：乔其和前男友的一切其实早都已经过去了，需要考虑的是，倘若她今天才认识前男友，之间没有以前那段往事，她还会愿意背弃现在的男友，和前男友在一起吗？

当然，乔其不知道前男友会不会对自己特别好，也不知道会不会在新男友这里受伤害，这两者都说不准，但是别忘记了，前男友是一个有前科的人。

在任何情况下，有前科的人可都是被重点怀疑的。

无论什么理由和借口，他抛弃了对他付出那么多的女友就是铁证。

既然可以没有愧疚地抛弃她一次，就一定可以更没有愧疚地抛弃她第二次，他连找都不用找新的借口，直接把第一次分手的理由拿来用就成。

想想，是不是这个理？

那么乔其就需要思考了，如果再受一次伤害，还能遇到亮子这样性格不错的人吗？还能再度恢复良好的世界观和恋爱观吗？

如果答案有任何犹豫，还是赶快放弃与前男友和好的念头吧。

专家告诉我们，对于任何沉没成本，最明智的选择就是应该彻底将它放弃，直至忘记。我们不再需要去考虑它的存在，因为那都已经过去了。

我觉得乔其的前男友不会有那么好，更不会好到超过了她身边的其他男性，不会好到明知道他可能会二次伤害一个女孩，还硬要凑上去，更不惜伤害另外一个人。

其实，乔其把痛苦和困扰告诉亮子也无妨，告诉他自己更愿意和他在一起，最好也把这个选择告诉前男友，把自己的后路断掉，不然，乔其很可能得来一个悲惨的结果。

当初发过的誓言、许下的咒怨，倘若违背了，多半会重蹈覆辙。

所有伤心和痛苦，还会再度重演。

在同一个地方跌倒一次，值得同情；但跌倒两次，那又有什么必要呢？

对于任何人来说，翻一页重新开始，好过在一张斑驳的旧纸上乱画。我衷心希望乔其能潇洒地说一声farewell。

分手时，做性价比最高的选择

朋友同我说了一个爱情故事，对于故事中的女主角万万她十分不满，并称她"没出息"。

万万跟男友分手已经五个月了，是男孩提的分手，只给她发了一条短信就算作通知她了，原因是他爱上别人了。然后男孩玩起了失踪，不再和万万有任何联系。

几经周折，万万才找到这个男孩，把他约出来谈，没想到他清楚地跟她说："我不爱你了，我早就烦透了跟你在一起，我爱上别人了，我们分手吧，以后不要再找我了。"

万万说到这儿，眼中都是泪水："我知道你可能要骂我了，骂我'贱'，骂我'没出息'，自己送上门去让别人羞辱。可是，我跟他在一起三年了呀，三年的感情不能仅凭几句话就分手了呀，我无论如何不能接受这个结果。"

后来万万还是忍不住给前男友打了电话，没想到是个女人接的，原来他们俩已经住到一起去了。万万激动地大骂了那个女人一通，同样没想到的是，那个女人语气平静地告诉她："他已经跟你分手了，他不爱你了，我们现在在一起，希望你不要再打扰我们。"这个女人被万万称为"一听口气就是那种不好对付的人"。自这天之后，万万故意不停地给前男友打电话，直到有一天发现这个号码已经停机了。

她知道一定是他换了新号码故意让自己找不到他。

于是万万开始不停地去前男友的博客上面留言，把过去两人相爱三年的点点滴滴都写出来，她甚至通过前男友的博客找到了那个女人的博客链接，每天去那里发表留言骂她。

"我知道这样做不好。"万万说，"但是谁让她抢别人的男朋友呢。"

万万说她现在每天都在想着怎么找到他，也并不想再跟他和好，就是不想让他过得舒服。

她还总在想："你说分就分了吗？没那么容易，我的三年就这样白白被你浪费了！"

首先，我一点也不觉得万万这个女孩"没出息"，两个人打架后被拉开，一定是那个吃亏吃得更多的在叫骂。从这一点上来说，我觉得她很可怜，做得也没有什么错。换了是我，也一定会狠狠骂他一顿，让他不好过。但是，骂过一顿之后，我的气肯定就消了。

一个人要是长久地怨恨，大概是因为和他在一起的时候就觉得吃亏，因此有太多的委屈和积怨，怨恨这个男人的同时又离不开这个男人，最后被甩了，不甘心上升到200%的缘故。

恋爱是两个人的事，在恋爱里，你怎么折腾都无所谓，但是分手了，你们的关系就由恋人还原为普通的社会关系。

要报复他，有很多渠道，而展示自己的伤口和叫卖回忆，是最不理智的方式。

倘若你还要把第三方拖进这个事件里来，甚至引来更多的围观者，把它变成一种公众行为的话，你就更需要考虑你的公众形象问题。

无论他负了你多少，欠了你多少，外人并不知道，如果你死缠烂打下去，甚至伤及无辜，必然沦为鲁迅笔下的祥林嫂。

好了，我知道你委屈，但是并不代表大家都知道，也不代表大家都理解，更不代表大家都同情。

甲乙打架，乙被多打了几拳，当然在被硬拉开之后还忍不住要叫骂，或者向大众展示自己流血的伤口，以此博取同情。

伤口对你来说很大、很深，但是对旁观者而言不过是千百个展现在世人面前的伤口之一，会有人真正可以替代你痛吗？

每个人都要忙自己的事，哪有时间给予你那么多同情，最多不过看你可怜，口头安慰你两句而已，你要"全职失恋"，人家需要全职做上班族或好太太。

再说，在旁观者的眼里，难道甲就不可怜吗？说难听点，见到乙凶悍地叫骂，只怕同情甲的人要比同情乙的多得多，你说是不是这个道理？

对，我知道万万不甘心，一开始就不甘心，现在更不甘心。

问题是，不甘心能起到什么作用？不甘心又杀不死他，说不定他见到万万不甘心的模样还在暗爽自己的魅力大呢。

很多被男人背叛的女人也和万万的心态一样，在不断自我折磨的同时，也折磨着对方。

一开始对方还有歉疚，后来则变成习惯，到最后则变成厌恶。而万万的男友本来就不欠万万多少，所以则直接略过歉疚和习惯，变成厌恶，这是很自然的现象。

换了万万自己，我认为她大概也不会和一个不断折磨自己的人在一起吧。

所以，请万万放下吧，分手之后，对抛弃自己的男人冷漠以对，才是最好的报复。

还有，记得下一次一开始就找一个自己不嫌恶的人，觉得和他在一起每一分钟都值得的人。否则，这段爱情本身就不值得开始。

9级地震的情感危机

那天在微信上，我的一个女朋友突然问我："有没有试过用不同的身份去试探一个人。"

我说："没有。"

她说："我试了，结局很可怕。"

她用一个叫Vivian的虚拟账号，在网上不断试探挑逗自己的新男友。

起初男友拒绝了她的示好，表示自己已经有女朋友了，但是被挑逗的次数多了，他也渐渐有了发展想法，回复的言辞明显暧昧起来。

这一下子，朋友郁闷了。

她六神无主地来找我，说："我怎么感觉他好可怕，我们这段感情怎么这么靠不住呢？该怎么办呢？要不要离开他呢？还是装作什么事都没发生过？"

于是我给她讲了一个故事。

唐太宗刚刚即位的时候，一直在想方设法整治作奸犯科的官吏。

某次听说朝中有很多官员受贿，于是暗中派人给主事官员行贿，打定主意倘若官吏接受了，就去找他麻烦。

结果在这种诱惑下，某个官员接受了绢帛一匹，唐太宗非常愤怒，下令要杀掉他。

这时有人进谏说："这个人接受贿赂，确实应该严惩。可是，是您用东西引诱人家在先，所以，即使对他处以极刑，在性质上也还是属于诱导人家犯罪，这恐怕不是倡导德行、合乎礼仪的行为。"

这就是所谓的——"陷人以罪"。

世界上，最可怕的莫过于陷人以罪。

就连耶稣都要求信徒"不可试探你的主"，更何况你男朋友乃区区凡人，怎么禁得起诱惑？

网上曾经有过一个非常火的帖子，叫作《不要试探你的爱人》。这个女生的老公非常坚定地抵制了不明的诱惑，但是在发现了女生的不信任之后，非常愤怒，想要和她分手。

帖子说，试探爱情，假如你测出他是忠贞的，你心满意足了，但这份满足是建立在对他的不信任与亵渎上的；假如你不幸测出了他的不忠，你痛哭流涕，可没人同情你，因为是你亲手制造了悲剧。

总之，不要庸人自扰，弄巧成拙。自以为聪明的人，往往很傻。

女性情感作家叶倾城讲过这样一个故事。一个女孩，男友是她的同事，平时对她非常体贴。然某日在上班时突然地震，一办公室的人连同她男友一起跑个精光，她仓皇失措地看着男友逃出了她的视线，却没有考虑到和她共患难。所以在之后的日子，她对他失去了所有的爱意，两人也越走越远，再也没有交集。

每次想到这个故事我都不禁要琢磨——如果没有那场地震，这对恋人会不会就这样天长地久地走下去了？很可能会。

　　危及生命的考验无论如何都太过沉重了，而男友本能之下的表现虽然让女孩失望透顶，却也是人之常情。

　　就像我的朋友试探、挑逗自己的男朋友一样，第一次第二次已经被拒绝了，你偏要使出浑身解数玩上第三次。我很怀疑，如果她的男友不就范，她会不会把这个游戏就一直这样玩下去？

　　拜托，好男人也是人，面对人的本性，他没有义务创造奇迹。

　　人家故事中的小两口赶上地震震碎了感情，这是没办法的事情，你们这儿太太平平地过日子，干吗也非要在自己和他之间折腾出一场9级地震来呢？

防火防盗防闺密

　　爱情这种东西是没有定性的，咱们并不能预测或判断自己会爱上什么样的人，其他人也一样不能预判。

　　所以，寄希望于对手的高尚，还不如寄希望于防微杜渐。

　　为什么在加油站不要打电话，为什么堆放柴火的地方要严禁烟火，为什么瓜田李下要避嫌……

　　这些朴实的道理，在爱情上同样适用。无数事实告诉我们，滥施仁义经常是不幸的根源。

　　李倩和老公是谈了三年恋爱才结婚的，互相看着彼此从初出校园的愣头青慢慢成熟起来，各自晋升，按理说感情基础算是很坚实了。

　　婚后两年，他们过得平淡而又温馨。让李倩没想到的是，自己的好心和热心铸成了大错——密友晓洁从国外留学回来一时没地方住，李倩就把她暂时先安置在家中的客房里。

　　谁知请神容易送神难，她这一住进来就引起了一场轩然大波，李倩和老公五年的感情也面临着考验。

　　刚开始，晓洁只是在网上投简历找工作，所以在家里的时间比较多。闲来无事时，便钻研起菜谱来。她天资聪慧，做着做着感觉就来了。

李倩有天加班到很晚，回到家后看到餐桌上有几盘弄好的菜，以为是老公帮她叫的外卖（他们经常这样解决晚餐），却看到晓洁笑着看她："快尝尝我的手艺吧。"

想不到文文静静的晓洁居然有一手好厨艺。李倩高兴地说："看来以后我有口福了！"

和李倩有同样想法的还有她老公，他对晓洁的厨艺赞不绝口，继而对晓洁赞不绝口。

起初李倩并没留意，忽然有一天，她回家看到老公和晓洁在餐桌前有说有笑的，心里就有点怪怪的了。

他们好像都没留意到李倩的不快，晓洁帮她添饭，老公夹了一筷子糖醋鱼给她，说："尝尝，真是太好吃了！"然后满脸陶醉地自己也吃了一口。李倩强颜欢笑，说："我也给你试着做做！"

老公闪出一抹不屑的神情，然后说："有晓洁做，你还受什么累呀！"

那一刻，李倩忽然觉得自己是个多余的人，好像这个房间里不应该有她的存在。

之后，李倩尝试着帮晓洁找工作，盼着她尽快搬出去，可她好像并不着急，一拖再拖，对工作机会也是挑三拣四的。

李倩已经意识到老公对晓洁厨艺的依赖了，有时，她旁敲侧击让他别总单独和晓洁在家，他倒一脸无辜："你最好的朋友，还这么介意？"李倩终于意识到这样下去总有一天会酿成大祸。于是，她找晓洁去摊牌，希望晓洁尽快离开，不要影响他们的夫妻感情。

想不到一向温和的晓洁竟然对此"供认不讳"，她说自己从见到李倩老公第一眼起就莫名地喜欢，而且李倩的老公也对她表示了好感。只是因为李倩的存在，她一直压抑着，可是，既然李倩挑明了，她也要好好想想，对这段感情做一个了断。

现在，伤心的李倩还在追问要如何保全友谊和爱情。而实际上，这份友谊是万万不能保全的，百分之百付诸东流了。

摆在她面前的可能性有两个：失去友情，或是友情、爱情都失去。

而眼下的情形，并不是她选择了失去密友就能得回老公的，多半可能是她拖到后来愿意忍痛割爱，放弃友情，却发现老公也不再是自己的了。

退一万步说，就算李倩愿意不做任何挽回地把老公让给晓洁，晓洁也不会感激涕零地收了，然后和她一如既往地要好下去。

晓洁又不是没心肝的人，更不是丧尽天良的罪犯，她一定是有愧疚之心的，虽然这份愧疚不足以让她愿意把男人还给李倩，却足够让她拉着男人从此消失在李倩的生命里。

世界上最让人困惑的就是爱情，哪怕是无比理性的人，也无法判断自己会爱上什么样的人。

依赖感、安全感、好感、占有欲、征服欲……掺合在一起的时候，谁也分不清楚自己的爱究竟是基于什么。

在《青蛇》的未剪版里，就连法海那么高定力的和尚，也会输给一条区区五百年道行、人身都变不全的小蛇，更不要说李倩的老公这么一个凡人。

况且，人的共性永远大于个性，差异其实并不会大到此女是100分，而其他都是0分的地步，一般来说人与人之间都是70分和80分的微差。

在这样的状况下，倘若一个男生与70分女生相处的时间比80分女生更多，那么70分女生就会轻而易举地超过后者。

很多姑娘与李倩一样缺乏警惕心。并不是说闺密都有可能对你的另一半抱着觊觎之意，而是说，要警惕此事发生的概率，并人为将它减少至最低，而不是慷慨地以自己的善良培育一个温床。

爱情本身脆弱，守护它，维持它，就更加需要心思。不要过于疏懒，不要同李倩一样大大咧咧，女人要善于发挥女人敏锐的直觉。

当你的男朋友说"你最好的朋友，还这么介意"等诸如此类的话时，你就应该明白，一个男人不愿意顾及你的想法，不愿意因你的质疑做出调整，不愿意因为你的不快而改变自己的行为，那根本就是不把你放在心上。

换句话说，他觉得这样的现状很好很愉快，哪怕是以你的不快作为代价也在所不惜。

这个时候咱们就应该发现问题不对，马上采取行动，把一切都扼杀在摇篮里。

天灾人祸莫不如是，大难来临之前，一定有无数的预兆在亮起红灯，告诉你要做好准备、采取行动了。

错一次没有关系，最怕的是一错再错。我非常希望李倩下次能汲取教训，面对已然发生的现状，能以坚强和决断力去解决。

若她坚定地要赢回老公，也是很有胜算的，毕竟几个月的可口饭菜很可能敌不过几年的感情基础。

双拳PK四手

Berry给我发邮件说，她和男友父母有矛盾，努力抗争却没有效果，现在感觉得出来，充当双面胶的男友也越来越无奈了，她不知道怎么办才能得到胜利。

我的邮箱其实是经常收到此类来信的，比较常见的两类就是：

1.我爱他，他也爱我，可是有个女孩子（学妹、前女友、旧情人、上司的女儿、世交的女儿……）很喜欢他，整天纠缠他，还说要和我公平竞争，我不知道怎么才能让对方知难而退。

2.彼此相爱，但是他父母却非常反对，他又是个孝子，夹在老人与爱人之间很为难。我不想让他为难，却又找不到爱情出路。

这两个问题看着不是一路，本质却是一样的。

无论是第三者插足也好，父母反对也好，问题一定是出在你们两个之间。

物必自腐而后虫生，他们的出现，其实是你和男友之间细小矛盾的投射。

让我们把目光转向经典的戏剧《哈姆雷特》吧，一部经典之所以成为经典，必定是因为它能够跨越时空地表现人与人之间的本质和冲突，反映出人与人之间普遍存在的行为规律和特征。

在这部经典戏剧中，哈姆雷特在向他叔父复仇前心里比较纠结和犹豫。精神分析学告诉我们，其实是因为他面对的是他的血亲，哪怕他犯了不可饶恕的罪过，但是真的事到临头时，还是会处于犹豫、迷茫和彷徨阶段。

这样的潜意识是很底层的意识，他自己也未必能够觉察，但正是冰山一角之下那庞大的、莫名的思绪，左右着他的行动，束缚着他的脚步。

面对一个有罪过的亲人会如此，更何况是面对一个在他心中占有一席之地的人呢？

他心里的想法当然不会说出来，也不见得会去做，但是有人帮他实现的时候，他便呈现出强大的默认态度。

现代人中流行一个新名词——拟同意：我不见得同意，也不见得不同意，甚至我是表示同意的，只是如果事与愿违，我也不愿意负责；或者我本来不同意，只是其他决定人和我意见相左，我只好先表明态度，等着看发展。

我们回过头来说那些倾诉和询问的信件。愿意让女朋友卷入这样纷争的人，内心本来就不坚定。

当然，这样的情绪也未必是他自己知道的，又或许他自己知道，只是未必如实地告诉你。周围的人正是看到了他的不坚定，至少是试探之后察觉了他的不坚定，才会试图找到机会下手。

说难听点，苍蝇不叮无缝的蛋嘛。

又或许他有其他难言之隐，比如父母控制着经济大权，或者追求他的人和他有业务关系，不过总归就是一点：你并不值得他放弃一些东西。

在这里我想说，倘若一样东西是不需要牺牲就可以得到的，这样东西也就必定不是那么弥足珍贵的。

为什么真挚的感情古往今来都那么难得，当然是因为那需要双方努力去维护，甚至为了维护它而不得不付出许多代价，放弃很多东西。

太阳之下，并无新事，难道世界上那些终成眷属的情侣，都没有遇到过强烈追求者？为什么他们能最终走到一起，你们却不能呢？难道是两个人加起来还比不上一个爱情的局外人吗？

我们看《画皮》[1]，里面的周迅为什么是妖怪出身？因为如果她是个人，这个故事就会显得太离谱、太不现实，她要是没有妖力，早就被赵薇收拾掉了。

Berry和她男友之间的阻力，难道比一个可以吃人心又不用负法律责任的妖怪还更强大吗？

我想，这恐怕是不可能的。

[1]2008年电影，周迅饰演妖怪，赵薇饰演原配夫人。

遇到父母反对这样的事情，咱们就得想一想，到底是你们俩在对抗双亲，还是你在独力对抗他的双亲。

会不会是他在一旁"拟同意"你们两方的行为，表面上帮着你，意识里又要做出孝子的样子。不愿意为你努力争取的人，不见得是你的佳偶。

我们不应该太相信一个人能够做到表里如一，也不能忽视对方的潜意识。

个人在感情里都要尊重自己、尊重对方，要有责任感，不要贪得无厌，坦诚且懂得选择和放弃，大多数时候善意推断，但绝不宽容背叛。

当然，这样做了，短时间内未必能看到突飞猛进的收效。但是根据密歇根大学政治学家罗伯特·阿克塞尔罗德的研究，这样的行为规则才是让个人收益最大化的最优竞争策略。

幸 福 爱

从 新 手 到 高 手 的 爱 情 修 习 课

围城里的
婚姻保卫战

婚姻里,
聪明女人会尽量把男人对女人的精力用光,
让他们没有剩余的精力去处理和别的女人的关系,
同时也不会让男人觉得自己hold（掌控）不住她。

有一种想不到受不了，叫出轨

. . .

有一封读者来信，我觉得很具有代表性，内容是这样的：

我今年29岁，长相从小到大在班里总能排在前三，现在看上去也像个刚毕业的大学生一样充满活力。我努力上进，考上了沿海城市的名牌大学，毕业后又凭实力考上该城市的公务员。老公是我前年读在职研究生时的同学，本地人，比我大三岁。我们从认识到结婚只有十个月，感情炙热，相逢恨晚。

我俩都爱好文艺，他长得非常帅气，在别人眼里我们是郎才女貌的一对。我性格比较外向，而他平时比较沉默寡言。虽然我总觉得平时他闷了点，有矛盾也只会沉默冷战，但是想想他在生活细节上的体贴，想想他虽性格内向，但起码不会主动搭讪女的，同时他也没有特别好的异性朋友，这些都让我比较有安全感。

2013年6月（结婚半年），我无意发现他QQ记录里和很多女的聊得火热，追问之后才知道他常常通过网聊追求刺激，被我发现后他痛哭流涕，说那是以前的网友，叫我改了密码，发誓说再也不会在网上交友聊天了。一个星期后他以联系工作为由要回了密码。随后的半年，我心里始终有个阴影，虽在同一屋檐下，但总觉得他有点陌生，我的心情越来越压抑。

12月30日晚，我鬼使神差地打开他另一个QQ号（B号，他是中学老师，这个号专用于和学生联系），发件箱里竟然有一封11月底发出的邮件，里面是一段不雅录音，而发送的对象是他QQ（A号）里的一个人。他开始不承认和他有关，后来说是寻求刺激网上找的录音，发给认识的人又不让人知道发件人是谁就会觉得很兴奋。他说他只是寻求精神刺激，结婚后身体从没出过轨。当天晚上他跪了一夜，我没有原谅他。31号我下班后到了朋友那里度过了痛苦而又备受煎熬的元旦三天，拒绝他的任何信息（其间，他妈妈也不断发短信给我，说他如何痛苦，求我给他机会）。我当时想，信任和忠诚已经不复存在，我要离婚。

1月3号晚，我们在外面约谈，我说一定要离婚，他当时跪在大街上不让我走，说只要不离婚怎么样都可以，说没有我他只能死，让我给他一个改过的机会。我的决心就在他的痛哭流涕下瓦解。他当晚向我坦承，那段不雅录音里的男的是他，女的是他同事，他们在四年前有过性关系（非男女朋友），后来终止了。现在大家都是普通朋友关系，只是他忍不住想发以前的录音骚扰对方，寻求内心刺激，对方也没有理会他。他还坦承只要我不在家，他都会忍不住上网寻求刺激，但是都是视觉和文字的。我听了，痛彻心肺，也觉得他深不可测。

1月4号，我们去公证处签了分居三个月的协议，协议表示，如果三个月后他仍不能挽回婚姻，他必须无条件离婚，所有财产归女方。

现在他住回了他母亲家，每天会定时关心我的起居生活，他的挽回力度远远不够，我依然对他比较冷淡。相比于元旦三天里的痛苦，我现在似乎更加痛苦迷茫，当时做不到快刀斩乱麻地离婚，现在分居反而更感到无依无靠，我觉得自己也不敢信任他所谓的挽救，内心并不能抹去过往一幕幕的阴影。我想问他那个同事是谁，又觉得这毫无意义。

现在我表面配合他的挽救婚姻行为，内心却似乎背道而驰。我还能相信他吗？我甚至不敢寻求父母的帮助，他们知道这件事后只叫我不要冲动，我妈只怕我离婚后嫁不出去。孤立无援的我接下来该做什么？能做什么？

信很长，信息量也很大。但我们可以做一个假设，倘若这个女孩身患不治之症，她老公却在一边衣不解带地照顾她；或者突然遇到地震等灾难，他跑来拯救她，是否这个女孩就会原谅他呢？答案是肯定的。我们受伤的时候，总是希望对方拿出点诚意来"补偿"我们，这种"补偿"，往往指的是极端情况和极端手段。然而那只是戏剧，生活在太平盛世里的我们，是没有那么多戏剧化的情节可以经历的。更何况，即使他这么做了，也并不代表他以后不会出去找快活。

信任和忠诚不存在，女人就想离婚。但是你要知道，很多时候，婚姻并不只是信任和忠诚才能维系。双方共同的利益、机会成本，甚至仅仅是对明天的希望和期许也可以维系一段姻缘。即使信任和忠诚已经破碎，我们也可以尝试着遗忘不快，修补现在，展望未来。

不是说你一定要和一个背叛你的人待在一起。只是即使离婚，即使离开他，你依然要面对被背叛的这个事实，面对已然变样的世界，面对下一个不见得更好的男人，甚至面对再婚的社会压力。男人的背叛，绝对是对女人的一种亏欠，但是女人在惩罚他的同时，自己也要付出相当巨大的代价，完全可能盖过惩罚他给自己带来的慰藉。所以女人就为自己多打算吧。如果老公背叛，你确定离开他会更幸福，离婚也是一个很好的选择。如果离开他不但不容易找到更好的对象，还更容易没有快乐的生活，那何不将就和他在一起呢？退一万步说，因为他的愧疚之心，他还会比别人对你更好一些。

男人在背叛之后，心里会无数次为自己的过错开脱。像这位女读者的老公，他一定会通过不断地自我暗示，不断淡化自己的过错，这就是他为什么不再那么痛苦的缘由，因为背叛的事已经发生，即使有再多的忏悔要倾诉，也需要按时回家吃饭，而不是跪在教堂里永远不站起来。说这个，是希望所有的女孩都能更了解人性的弱点，能够理解为什么男人在背叛之后，没有你们想象中那么心怀愧疚，不停地向你忏悔。因为他们对于出轨的内疚，未必有你们想的那么多，未必会真的愿意像飞蛾扑火那样来给另一半补偿。

倘若女孩再陷入"他都那么对不起我了为什么还不来向我认错"的情绪中，那就真是给自己添堵了。

说到底，有的人会比较健忘，即使受到伤害，也可以很快振作起来，那么就选择原谅吧；倘若是刚烈性子，被人辜负便夜夜辗转反侧不得安眠，那就离吧。无论如何，你得学会让自己摔得不那么惨。

只是要记得，如果你不确定自己的心意，那么不要尝试轻易离开一个人，因为在你离开的日子里，男人心里缺失的那一块容易长好。

幸 福 爱

从 新 手 到 高 手 的 爱 情 修 习 课

在离婚的边缘如何聪明止损

...

　　在我年龄很小的时候，认为婚姻的基础就是忠诚和彼此信任。那时的我非常单纯，非常想不通为什么有人会宁愿承受背叛也不愿选择离婚。两人都在外面各自灯红酒绿，人前照样相敬如宾。

　　后来我才明白，两个人在一起的基础是彼此信任，这个就好比移植器官一定要实现配型；两个人在一起之后的基础，有时却是分开的损失大于在一起的损失，就好比说，移植之后的器官出现了排异，服用抗排异药物总比切除器官重新再移植的代价要小。

　　肖琼最近很苦恼，因为她无意中在老公的手机上看到了一条短信："老公，我想你了。"发信人是个陌生的女人。她拿着手机追问，他却说不知道是谁发的，可能发错了。她当时不好说什么，但事后越想越不对，就拿着老公的手机查看，又发现一条同样是这个号码发的短信："手机没电了，老公我好想你！"

　　肖琼顿时就崩溃了。

　　她查了他最近两个月的电话清单，终于明白最近他的手机费用为什么会猛增了——他每天都会给这个号码打七八个电话，发四五十条短信。一开始追问，他不承认，后来承认了，说那个女人是他店里的一个客户，也是他朋友的朋友。因为买了他们店里的手机，有一些功能不会用就打电话咨询他，后来就变成了发信息。但是那个女人不在他们所在的城市，这两个月以来，他们也无非就是发发短信，说说你想我、我想你之类的暧昧话，从来没有发生过什么实质性的事情。

为了证明自己的无辜，他让肖琼的好友给那个女人打了电话。但是那个女人说，肖琼的老公根本就没有告诉她他已经结婚了。肖琼问老公为什么要这样，是不是真的喜欢上那个女人了，他否认了，说只是觉得生活太沉闷，最近他们两口子又经常吵架，和她互发短信只是想调节一下心情，缓解一下压力。

肖琼是个很强势的女人。在生意的决策方面，一般都是她敲定；在生活中，也总是她来拿主意。她想，也许是自己给老公的压力太大了，导致他需要找别的女人去缓解。但是她还是接受不了老公的这些行为，这已经是他第二次被发现给别的女人发暧昧短信了。第一次他和那个女孩发了十几天短信，就被肖琼发现了。当时他还哭着向肖琼保证以后绝对不会了，肖琼以为他真的知错了，没想到时隔两年，又发生了这样的事情。

肖琼觉得自己已经失去了信任他的能力，她不想变成一个没有安全感，经常需要翻看老公聊天记录、去看老公手机以确保感情的女人，所以在这些事没有发生之前就想离婚。虽然老公后来也当着她的面给那个女人打电话了，告诉她他只爱他的妻子，不想因为其他任何人而影响他们的婚姻，还说了以后再也不要联系之类的话，但肖琼还是无法相信他。

但是，离婚也是一件不容易的事情，因为他们在一起生活了十年，大学毕业之后两个人就一起创业，有生意需要料理，还要顾及孩子和双方的父母，等等。而且，他是她的初恋，他们在一起这么多年，怎么说都是有感情的，他平时对她还算好，他父母也挺疼她的……

遇到这种情况，应该怎么处理？

在很早以前，我和大多数女生一样，觉得不管对方因为什么出轨都是不可原谅的，如果对方对婚姻不忠诚，两个人在一起不能彼此信任，那么这段婚姻无论如何都要放弃了。但是随着我慢慢成熟，对两性关系的认识不断加深，我发现婚姻能否维持下去，除了要考虑是否彼此忠诚，是否能彼此信任之外，还要考虑如果失掉了这段婚姻所带来的损失是否比在一起的损失更大。

我不是劝人忍气吞声，因为如果这些事情发生在自己身上，被逼上梁山了，没准我也会像肖琼一样迫不及待地想要摆脱目前的窘境。但是，离婚是把双刃剑，用这种伤人一千自损八百的招数，真的能解人心头之恨吗？

有时候女人生气，并不是男人所犯的错误不可原谅，而是因为自己。在离婚的边缘，她恨自己对那个曾经伤害过她的人竟然还有感情，竟然仍舍不得放弃，而对方却没有给予她足够的爱和尊重，所以她才会迫不及待地想离开那段让人感到憋屈的关系。只是，要摆脱这种尴尬的处境有很多种方法，离婚是最玉石俱焚的一种。

你可以想想，与其你怒发冲冠，还不如借此收回经济大权，用金钱的匮乏来阉割他的欲望。再不然，你大可无视这个男人，将他看作一个你不爱的罪人和生活伙伴。说句不好听的，纵使你不爱这个男人，也要评估一下你跟他之间的关系如何才能达到最佳止损点。如果你们分开的受益更大，那你当然可以义无反顾地离开，但如果离婚的损失更大，那不如仍在一起，至少他还爱你，你们还有孩子、生意、双方父母。至少他还怀着内疚的心情，对你只会好不会差。

我会建议面对这种情况的女生，可以先让他去做一次全面身体检查，结果出来之前别和他发生关系。其他的，就当一场噩梦吧。你若不愿意两害相权取其轻，所需要付出的代价可能会大得无以复加。试着放下你的期望，放下你对他的要求，说不定会好过一些。日子已经给你添堵，你何必再给自己添堵！

所有的"不上心"都源于"太放心"

...

　　Mary和她老公认识已经有六年了，结婚也已经两年多了，现在的生活也趋于平淡了。

　　他们的感情应该说还是比较好的，可是今年年初Mary无意间发现老公在QQ上和陌生女人的聊天记录，言语很亲密，而且他们还通过电话。当知道Mary看过他QQ聊天记录的时候他大发雷霆，说Mary不尊重他的隐私。Mary没想到他反而会这么生气，其实她更生气。他们聊天不仅言语暧昧，而且他还邀请那个女人去他住处玩——他发出邀请的时候Mary不在他身边，他当时一个人在外地做工程，事情就发生在他在外地做工程的那一个月。为此他们大吵了一架。他给Mary的解释是当时只是因为无聊才跟她聊的，只是玩玩而已。Mary一点都不相信他的解释，无聊可以，聊聊天也可以，为什么还打电话，还约人家见面？真的是无法理解，最后他当着Mary的面把那个女人的QQ号删了，这件事情也就这么过去了。

　　就在这件事情过去了快一个月的时候，又发生了一件让Mary很生气的事情。他们原来认识一个卖化妆品的小姑娘。小姑娘年龄很小，家境不好，他们经常帮助她，那段时间

Mary的老公经常说"我觉得所有卖化妆品的小姑娘当中，就她好看"，当时Mary也没在意，只是觉得那小姑娘是他们共同的小妹妹。但是过了一段时间，Mary发现她老公每次下班回来之前都把手机上的短信和通话记录删干净，她心里就觉得奇怪了。后来，一留意才发现他和那个小姑娘经常互相发短信。有一天晚上他打电话给Mary说晚上不回家吃饭了，和同事一起出去吃，她也相信了。十点多他还没回家，Mary就打电话给他，电话没通，她就打给了他同事，他同事却告诉Mary她老公一下班就走了，她当时就断定他是和那个小姑娘一起出去了，就没再给他打电话。

当晚他回家后还高兴地跟Mary说跟同事一起很开心什么的，她当时看着他觉得很可笑，也没有再说什么了，因为她心里已经想到了处理办法。第二天，她给那个小姑娘打了电话，问是怎么回事，那小姑娘开始不承认，但在她的一再追问下还是承认了。后来她偷偷把她老公的手机拿过来，把那个小姑娘的手机号改了几个数字，后来她发现，只要是她和老公不在一起，他就会给那个小姑娘打电话，但是只有她才明白，那个电话他是打不通的，这件事情也就不了了之了。

就在最近一段时间，Mary发现她老公又开始在网上聊天了。和他聊天的那个女人Mary是知道的，就是上次他当着Mary的面删掉QQ号的那个女人。这次他把聊天记录都删了，但Mary还是发现了他访问那个女人的QQ空间的记录。他在那个女人的QQ空间评论了很多照片，都是说一些你好漂亮啊、好美啊之类的话，Mary看到后都快崩溃了。

Mary总觉得她和老公的感情还算不错，不知道他为什么会这么做。她一直没有揭穿他，觉得这样会影响他们之间的感情。她安慰自己，上网聊就聊吧，只要不见面就好，但是一想起来她心里还是不舒服，也不知道应该怎么办。

我们都知道，女人永远都知道孩子是否是自己的，而男人永远无法100%地确定孩子是自己的。因此两性在漫长的进化历程中，自然发展出了不同的择偶策略：女性大多以长期择偶策略为主，短期择偶策略往往只是为了换取资源；而男性会同时存在两种择偶策略——长期择偶策略和短期择偶策略。他们一方面需要长期稳定的关系，因为长期稳定的关系可以通过合法的、反复的性接触来加强对后代的父性确认；另一方面，他们会积极主动地寻求与其他婚外性伴侣的短期交往，以便留下更多的子嗣——即使实际上没有留下，但进化让男性保留了这样的适应行为。

说这些话的意思，并不是要为男性开脱。实际上，了解男性的心理，更易于你掌控他的行为。

之前说过了，女人永远都知道孩子是否是自己的，而男人永远无法100%地确定孩子是自己的，这对于男性而言是很可怕的一件事。更可怕的是，人类女性没有猿类的发情期限制，她们完全可以在自己愿意的任何时候交配并产下孩子。实际上，根据世界各地的不同调查显示，高达10%～25%的孩子并非合法"父亲"亲生。想想看这会导致什么：对伴侣非常忠诚且非常信赖的男性会被蒙蔽，终身抚养别人的孩子——显而易见，这些忠诚的基因没有遗传下去，它们被自然淘汰了。长此以往，这会导致什么场面发生？答：那些滥交、好猜忌和妒忌的男性将会有机会留下更多的后代。经过上万年的更替，男性中多数人都是这些滥交、好猜忌和妒忌的男性的后代。

很显然，女人要想抓住老公的心，就必须得打破他脑中"老婆在家很让他放心"的这个幻想。男人最怕什么？最怕后院起火，也就是最怕他的长期择偶策略遭到破坏，所以女人必须得引发他的猜忌和妒忌。

引发男性的猜忌和妒忌是很容易的一件事情，只要你每天把自己打扮得美美的，多出去参加各类活动（比如陶艺、爬山、瑜伽），多去找朋友玩，他的本能就会告诉他：好像有什么事情不太对，我不应该把时间花在寻找短期伴侣上，我必须得先保住我的长期伴侣——然后，他自然会将注意力转移到你身上来。

不过女孩们也要注意啊，找朋友玩最好找同性朋友，免得将男性的自我防御本能激发到另一个极端，导致离婚。你只是要让他知道长期择偶策略可能有被破坏的危险，而不是已经被破坏了。

没有共鸣的婚姻要不要走下去

...

Alva在给我的信里说：

我和我老公是七年前认识的，我把自己最美好的时光都给了他。去年，在我只有60%情愿的情况下，我们结婚了，因为我妈妈在我还没想清楚的时候就把请帖发了出去，好像有只无形的手一直推着我们走进婚姻。但是说真的，我的幸福感并不强。随着自己慢慢成熟，我越来越看不起他，越来越觉得自己找错人了，甚至想到了离婚。

我的不幸福感有一部分来自于生活的拮据。他到现在每个月才只有2000元的收入，我自己每月收入2500，我们还要养一辆车。今年他所在的公司转做别的项目，他一直说下半年要开始赚钱了，但是我看着他的智商和处事方式就觉得特别不靠谱。他总是喜欢和朋友拉拢关系，觉得这样生意上就会有起色，可是在我看来，一个人做好事情是要完全靠自己的，最多20%靠关系。可他一直就是这么不踏实的人。我对于未来生活的期待越来越无法实现，如果要这样一辈子过下去，我宁愿一个人过。

生活中我们也有很多的冲突。我喜欢文艺的东西，喜欢看书、看电影、听音乐，而他却总是喜欢看一些老年人看的八卦，而且他吃饭的时候总是发出奇怪的声音，为这个我们不知道吵过多少次了！我知道自己很傻，到现在才开始反思这段感情，我都不知道自己之前的那几年都干吗去了。我还为他打掉过一个孩子，现在我一点也不想和他生孩子，我觉得生出来也要我父母帮忙照顾，只是让父母跟我受苦。

娃娃你说我该和这样一个给不了我快乐、希望和安全感的男人在一起吗？我今年已经27岁了，如果再找一个合适结婚的对象也不好找，可是我真的不想继续这样的生活，好像这辈子就这样了。

我总觉得他太懒，想的事情太琐碎，我现在甚至觉得他的思维习惯也很有问题。他被他妈妈惯坏了，我也没有那个把烂泥扶上墙的本事。他倒是很爱干净，也会做一些家务，但是我认为男人应该把心思放在工作上，可他回家后一点也不爱做工作上的事情，每天就看一些没营养的电视节目，作息时间还跟我不一样。有时候我真觉得很沮丧，为什么幸福的感觉那么少，我们之间的共同点那么少。他一个月之中大概有两到三天下班后是不回家的，一般都是和朋友去酒吧喝酒，然后就在外面开房睡觉了，我倒是没感觉到有第三者，只是他不回家还是会让我心里很不爽。

总之我是一个结了婚却一点也不幸福快乐的女人，我也发现自己越来越老了……

婚姻让人不满意，离婚换一个人就会好吗？

不见得！你不会游泳，换一个游泳池你也不会；你不会开车，换一辆车你也不会；你不会跳舞，换一个舞伴你也不会。很多人婚姻不幸福，以为"换一个人就好了"。其实她们还是不会经营自己的婚姻，没拥有能让自己幸福的能力。

单纯看Alva和她老公的关系，我觉得并没有什么本质的冲突。Alva喜欢文艺，喜欢看书、看电影、听音乐，她老公喜欢看老年人爱看的八卦，这都只是个人爱好问题。Alva的爱好并不见得比她老公高雅。因为他们的爱好同样是消磨时间，增加谈资，也赚不来钱。

我认识个别文艺女青年，她们认为自己读过几本偏门的书，知道或了解几个小众的人物，听了几首小众的歌曲，自己就因此而上了一个层次了。其实退回去几十上百年，她们喜欢的那些书啊人啊，就是很多人嘲弄的非主流。真正伟大的艺术，是雅俗共赏的，如同八卦一样老少咸宜。一切用来粉饰自己，彰显自己与众不同的兴趣和爱好都是纸老虎，额头上刻着四个大字——"孤芳自赏"。好比大冬天人家吃火锅他吃温室西瓜，他总觉得别人会认为他有钱，其实大家都知道冬天吃西瓜会拉稀，还会落下肠胃毛病。

他没有办法给你生活乐趣、希望以及幸福感，你为什么不自己找乐趣？你都找不到，你还希望他找到200%的乐趣，然后分一半给你？说白了，年轻男人能给你的只有爱和承诺，成熟稳重还能分些给你那是中年往后的事情。

问题是，你想要，但是他没有，怎么办呢？有两条路：

第一是，可以现在选择找个现成的；

第二是，等待他变成你理想中的男人。

摸着良心说：我觉得后者更靠谱一点。

我不知道你们有没有买过股票。要知道，并不是所有股票买来都会涨的。如果一个除了每个月两三天在外和朋友玩不回家以外，喜欢干净，下班就回家，朋友关系好，和自己又有感情基础的男人都不算好老公的话，那我只能建议Alva可以假借为同学相亲的名义，把自己的资料在婚姻介绍所登个记，看看别人觉得适合她的伴侣是什么样子，只怕她见识过那些别人眼中和她匹配的伴侣，如"猪头肥胖男""还想着初恋女友男""寻觅仙女男""仇视女人男""急婚gay男""洁癖男""道貌岸然男""好色男""骗子""被虐狂"等之后，她就会恨不得赶快回家把自己老公牢牢看住。

生活不如意的人总喜欢埋怨现任伴侣，以为换一个伴侣就可以解决所有问题。这是一种面对现实的自我逃避。换一个伴侣，问题仍然无法解决。而且在婚姻里，彼此已经相伴那么多年，那种默契和依赖，只是你自己没有意识到而已。分开了，未必比现在好，而且很可能比现在糟糕得多。

嘴狠只会招来心狠

...

　　林西和老公王磊是大学同学，毕业后就结婚了，到现在已经结婚10年了。王磊是做销售工作的，经常在外面应酬，几乎每天都回来得很晚，但林西对他一直非常信任，就算有时候会奇怪他怎么会这么忙，也还是没怀疑过他。

　　前年林西无意中在他手机里看到几条一个女人发给他的非常暧昧的短信，她感觉天都塌了，但他狡辩只是人家单方面的想法，他并没有做什么。因为没有证据，此事不了了之，但林西不再那么相信他了。前几天林西打开他的QQ，抱着试一试的心态输了密码，天下就有这么巧的事情，居然一下就输对了。这下，她发现他在QQ上跟别的女人说话下流无耻，简直让她目瞪口呆。更可怕的是，她到那一刻才知道他和前年给他发短信的女人居然保持了两年半的情人关系，因感觉没有结婚的希望，貌似是对方先提出了分手。林西一页一页地翻着他们的聊天记录，只觉得手脚冰冷，心里更冷，她铁定了心要离婚，这是她绝对不能容忍的事情，是她的底线。

　　那天王磊回家比较早，林西来不及看完全部的聊天内容，也没来得及复制下来。她和他摊牌，他只是说这都是过去的事情了，既没有悔过的意思，也没有对以后的保证。可是林西认为，对以后有一个保证是对自己的提醒，在遇到诱惑的时候至少会在心里掂量掂量，但他却连一个保证都没有。而且林西也感觉得到他对她不是很在乎，想说什么就说，根本不考虑她会不会伤心。总之他的态度就是随便你吧，你要离就离，你不离也可以。他这个态度让林西非常难过。

林西觉得，都发生这种事情了，再不离婚都没法跟自己交代，这次她如果忍了，那他以后岂不是更肆无忌惮了。一想到他和那个女人的对话细节，还有他对她的态度，林西就觉得这个日子没法过了，无法跟他共同生活下去。但如果离婚，她一个30多岁的女人，还带个孩子，很难再找到合适的人结婚，而且离婚对孩子影响太大了。她爱她的儿子，他又是个很敏感脆弱的小孩，她害怕父母离婚会影响儿子的生活，因此她又犹豫了。

林西也听人说过，是否选择维系婚姻还有一个因素要考虑，就是离婚的损失如果更大的话可以选择两害相权取其轻。离婚对他来说没啥损失，他长得高大帅气，估计离了之后马上可以再婚，一想到这个她就觉得受不了，她对他还有感情。她自己本身条件也不错，一直都对自己很自信，可是在还有这么多恨嫁剩女的时代，大家都说离婚女人的日子会特别艰难，她想想都感觉很绝望。

王磊是她唯一的男人，她觉得自己对待感情非常幼稚，不懂得经营婚姻，更不会用什么技巧手段，让她像他一样出轨以求心理平衡她做不到，也不愿意日后让孩子瞧不起。她觉得，也许是她疏于与他沟通造成了他的出轨，可是他的态度始终是哽在她喉头的一根刺。她有时候想，女人真是不能嫁给做销售的人。他们看惯了灯红酒绿，也见惯了权、钱、色的交易，他周围全都是这类男人，不管看起来多么老实的男人，在那种场合下都会露出好色的本性，在他们的观点里，男人在外面玩很正常，只要不影响家庭，就是个好男人。她听到他这种论调恨不得杀了他，同时也对男人更感觉灰心了。

现在，只要他一出门，一上网，一接电话，她心里就发紧。他的工作性质决定了他经常需要在外应酬，他没法和她有很多的单独相处的时间。可是现在放弃她又不甘心，她觉得自己从来都没有好好经营过自己的婚姻，对老公也总是抱怨，有几天她试着跟他好好相处，还是能感觉到他的改变的。她觉得，如果以后在他们两个人的关系上用点心的话，会不会就能避免类似的问题发生？

我想要告诉女孩们的是：

第一，如果男人出轨，一定不要把这看作是自己的问题。一个男人出轨，归根结底是因为他想要出轨，而不是环境因素造成了他出轨。就好比一颗鸡蛋在适当的温度下能孵出小鸡，但一块石头无论给它什么温度，也不会孵出小鸡一样。之所以一个东西会孵出小鸡，因为它本身是一个鸡蛋，而不是仅仅因为外界很暖、很适宜孵化。

第二，如果你根本没有可以制衡对方的砝码，不要指望对方尊敬和重视你，无论在职场还是家里。就拿林西来说，她根本没有和对方谈判的任何条件，为什么还傻傻地冲上去呢？你的嘴狠只会换来对方的心狠，所以为什么不装着什么也不知道呢？一个大学毕业结婚已经10年，还有一个儿子的女人，年龄已经不小了，怎么还能指望整天拿感情说事呢。别来什么"只要他一出门，一上网，一接电话，我心里就发紧，不晓得他又在干什么"那一套矫情的说辞，他就是出轨了，就是去乱搞了，就是去找女人了，而且还将继续下去，你接受也得接受，不接受也得接受。你倘若不能接受，就是和自己过不去。想想看，如果林西离婚，她贬值必然比王磊快，而她比王磊更重视孩子，离婚还意味着她的经济水平会下滑。比起来，林西的损失一定会更大，而王磊，对离婚与不离婚根本无所谓，离了只会便宜他。

那林西应该怎么做呢？

我的建议是，她唯一能做的就是放下这段感情，同时保护好自己，如果再与王磊发生性关系，记得要戴好避孕套，别变成性传播疾病的受害者。这也许很痛苦，但最痛苦的事就是最能让自己得到好处的事。她最好的做法，就是对她老公死心，大家各顾各地活。在感情上，把他当成自己的老板和上司，让他把钱交回来，多让他带带孩子，自己则多出门找朋友玩。甚至可以暗示他，如果离婚的话，孩子判给他，自己是不会要孩子的。这对他来讲也许有那么一点威慑作用。

另外，已婚女人在处理感情问题时首先想到的永远是孩子。可面对老公出轨，孩子受到影响是不可避免的。一个女人，如果学不会放下自己的感情，也就教育不好自己的后代。请不要摆出一副为了孩子不离婚的样子来，孩子在破碎但勉强维持的婚姻中受到的伤害，比单亲更可怕。后者是身上的刀伤，见了光也就好了，前者是慢性胃出血，给人造成的伤害是隐形却痛苦的。

最后，我也想告诉其他还没有步入婚姻的小姑娘们，在婚姻问题上，女人是有先天弱势的。因为随着时间的流逝，婚姻市场上的男人在升值，女人在贬值。你没有办法在你最弱势的时候再去要求男女平等，所以在你最美好的年龄段，你就应该先表明你的态度。谈恋爱之前要把架子端起来，不想和你结婚的男人不要理；谈恋爱的时候注意对方的态度，对方一旦表露出不想结婚的苗头赶快结束这段恋情。最后，结婚之前签个婚内忠诚协议，别被甜言蜜语和暂时的浪漫迷惑了眼睛，别急着嫁人。

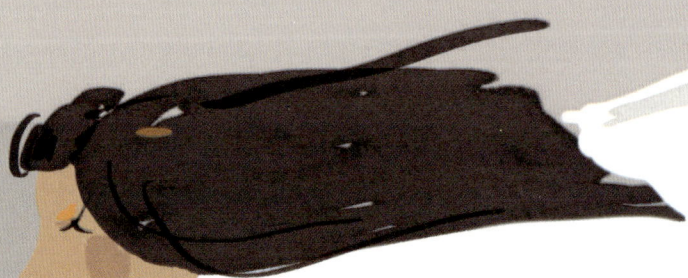

怀孕时如何避免老公出轨

女人怀孕和哺乳的时候，往往是男人容易出轨的时候。很多女人觉得难以置信，男人怎么可以、怎么胆敢、怎么忍心在我这么辛苦付出的时候做出这种事情呢？但事实残酷地存在着，而且有不小的概率。无论孕妇们怎样怒发冲冠、以泪洗面，或者寻死觅活，都无法规避这种潜威胁的发生。这种事对女人的心理打击非常巨大，月子病、产后抑郁症，乃至一尸两命的事情我们时有耳闻。本文将探讨一下如何避免这类问题。

一般专家的说法是：实际上，不光准妈妈们有孕期焦虑，准爸爸们也有孕期焦虑，而这种孕期焦虑会导致一些矛盾的产生。专家是如何解释的呢？

首先，受中国传统观念的影响，一些准爸爸认为只有男孩才能光宗耀祖，准爸爸对孩子性别的过分关注，只会增加孕妇的压力。

其次，老婆的妊娠反应及一些急躁情绪和坏脾气的出现，也会给准爸爸们造成一定的心理压力。特别是一些夫妻感情不太融洽、工作压力较大和脾气比较暴躁的准爸爸，很容易在准妈妈妊娠反应期出现烦躁不安、厌倦的情绪。

随着临产期的到来，担心孕妇是否可以顺利生产、孩子是否健康，成了准爸爸普遍存在的心理问题。

我想说，以上这些只是比较皮毛的现象，用现象去解释现象的意义不大，我们可以深入探索一下男性对于女性怀孕这事的本能观感，以及男性在女性孕期出轨的根源。

繁殖是人最重要的本能，但两性的繁殖潜力是不同的，因此男性对于繁衍后代往往没有女性那么未雨绸缪，也没有那么上心（除非他已经年龄很大了）。

所以，一开始就得找喜欢孩子的男生，或者特别爱你的男生。对于任何男人来说，孕妇肯定是无法激发他们的兴趣的。究其原因，如果一个男性祖先只喜欢追逐孕期女性，那势必落得个断子绝孙的下场。而只有那些喜欢追求高繁殖力，正处于繁殖期的女性的男性，他们才会有最多的子嗣。在亿万年的进化中，男人们将这类符合繁殖利益的女性定义为美，而反过来说，女性的美本身就是高繁殖力的表征，而男人们对美的欣赏发源于性幻想。因此纵使女人叫嚣一万遍怀孕的女人最美，也无法影响男性的普遍观感。不信你看《男人装》《花花公子》这类男士专属杂志的封面，永远永远不会出现孕妇的身影。哪个主编敢做这种事，马上就会被踢下台。所以除非，你怀的确实是和你相处的这个男性的子嗣，他才会用尽最大的理智来呵护你们。但他的本能依然不会认为你是美的，因此他很容易思绪游离。在这种时刻，倘若他确实喜爱你和孩子，你还有一定的本钱把他弄回来，否则他特别容易打着爱情的旗号，用下半身思考去找小三，进而抛弃你。也就是说，在怀孕期间，你无法唤起男性的本能冲动，能维系你们之间关系的只有感情。这对感情是个很大的考验。

因此，这就是我想说的第一点：你一开始就得找喜欢孩子的男生，或者特别爱你的男生。因为孩子毕竟是两个人的，而且由于繁殖潜力的不同，一个孩子对女方的意义往往比男方更大；同理，失去一个孩子对女方的伤害也比对男方的伤害来得大。因此在怀孕时，一个不够爱你，也并不想要孩子的准爸爸，将会有本能的出轨冲动，给你带来极大的负面情绪影响。想想看，你一开始就不是他所看好的用来繁衍后代的女人，而今他却得被迫将大多数精力灌注在这个也许是自己唯一的后代身上。因此他将会非常焦虑，担心孩子不够好，这是促使他出轨的原始冲动。

第二，重男轻女的男人不要嫁。重男轻女的男人一般存在于两种极端环境：一是很富有的家庭，一是很穷的家庭。这是为什么呢？首先，财富对男人（儿子）择偶的帮助比对女人（女儿）的大（拥有巨额财富的男人往往是一夫多妻或者隐性一夫多妻或者连续性一夫多妻的），因此富有的家庭重视男性后代的数量，这样可以获得最多的子嗣数。而此外，对于穷苦的人家来说，他们的祖先一般都是社会阶层较低，历任老婆容易给他戴绿帽子，因此格外容易出轨的男性。试想一下，倘若他不追求子嗣的数量，他的基因又怎么流传得下来呢？这也是他们重男轻女的缘故。无论如何，这都不是好相处的人，而且容易出轨。因此，尽量不要嫁这类男人，因为你无法肯定自己生男孩还是女孩。

第三，在你准备怀孕之前至少半年，尽量要给男方安全感，不要和别的男人搞暧昧，从时间上和情绪上要杜绝让他觉得你有出轨的可能性。也就是说，你

得给予男方足够的父性确认，最大程度上消除父子不确定性（有兴趣的读者可以在网上搜一下Paternity Uncertainty）的焦虑。这是激发男方父爱的重要因素，也是减少家庭暴力、男方性侵犯女儿等恶劣行为的重要因素。

第四，你应该明白，孩子不光是他的，也是你自己的，话再说回来，他从本能上永远没有办法100%确定这个孩子是他的，但你100%可以肯定这个孩子是你的骨肉。因此，生育、养育、教育孩子这些事你不能指望他会比你更上心。

最后，即使在孕中，也要把自己收拾得整洁干净，不要蓬头垢面，也不要纵容自己以怀孕的名义狂吃东西，你要知道怀孕只有区区10个月，10个月很快就会过去，难道你以为生了个孩子就可以理直气壮地胖一辈子？多长出来的每一寸脂肪，你都得在生完孩子之后辛苦地减回来。男人们喜欢腰臀比高的女性，无论他想不想要孩子。

需要说明的是，女权主义者看了这篇文章可能会非常生气，在她心中，难道生孩子不是伟大的付出吗？男方难道不应该感恩戴德吗？这个男人要是不爱我，需要我这么去留住的话，还要他干吗？女人就是弱势群体云云。对这类女性，我衷心祝福她们找到自己想要的男人，过上她们自己想要的日子。这件事情其实是有两面性的，女权主义者讨论的是应该不应该，咱们谈论的是存在这种现象应该怎么处理。好比大家知道火车站小偷很多，你就应该捂紧钱包、擦亮眼睛才对，而不是一心抱着"小偷偷东西是不对的"这么一个念头傻呵呵地乱逛。

进一步是婚姻，退一步是分手

...

Nini是我的一个旧识，她和她老公相识六年，结婚一年了。他们俩都是做工程的，谈恋爱的时候，因为经常需要跟着工程跑，不得不分居两地。开始的时候，两个人都伤心得难以自持，经常对着电话一哭就是一整夜。

从进化论的角度来说，人类的祖先是没有异地恋的，这种新生事物非常违背人性和本能，也特别考验人的意志。尤其是当亲戚同学朋友都不在身边，工作环境又陌生，女生的脆弱很容易会转嫁为对别人的依赖。很快地，Nini的身边出现了其他追求者，而她在日益接触中也渐渐感觉到了追求者要好于自己的男朋友，最起码他能一直陪在自己身边。

追求者的狂热，让Nini一时把持不住跟男朋友摊牌了，她要跟他分手。

他不敢相信他们那么多年的感情竟抵不过追求者短时间的殷勤，于是跟她的父母一起，连夜赶到了她的城市，想要挽回这段感情。因为火车票不好买，他把座位让给了她的父母，自己则靠在行李上睡了一夜。

父母见了Nini就骂她不懂事，也狠狠教训了那个追求她的男孩子。结果可想而知，追求者退却了，Nini和她男朋友和好了。

可是没过多久，压抑无聊的Nini又一次跟男友提出分手。这一次，男友没再安慰她，只冷冷地说他明天要去一个地方培训，她想怎么样就怎么样吧。

他这培训一去就是三天，三天里电话一直关机，Nini到处都问过了也没有他的音信，当时她很担心他会做傻事。三天后，他终于开机了，他说这三天自己去寺庙上香了，祈福他们能够在一起。当时Nini也没想那么多，完全没有想有什么香是需要上三天的。

慢慢地，Nini接受了两地分离的现实，和男友的感情也越来越好了。后来，工作发生了调动，他们从两个城市到了一个城市，也有了自己的房子。可是结婚一年后，Nini突然从亲戚口中得知了一些奇怪的线索。她逼问，才知道他曾经消失的那三天，其实是和另一个女人在一起，他们三天都同居一室。那个女人从初中时期就开始喜欢他，而他当时对Nini很灰心，想着如果和她能合得来就结婚算了，还打算三天后跟Nini摊牌。不料Nini的家人早就觉得不对劲，连夜开车去找他，并和他谈话，他才保证不再和那个女人来往。后来那个女人经常给他打电话他也没理。

这件事其实已经过了很久，但Nini还是受到了很大的打击。她觉得他在欺骗她，可是他说是她的父母让他对她隐瞒的，怕她受伤。他还说，这些都是Nini造成的，要不是她开了先例，他又怎么会有后来的事？还说只要Nini好好对他，他保证一辈子都不会再出这样的事情了。Nini很想相信他，可是这件事就像一根刺，一直扎在她心里，让她始终无法忘怀……

我一再强调，女人不能太骄纵任性，否则必然会跌大跟头。

男女之间的事，有时他未必错得那么多，你也未必有想象中那么有理。

其实明眼人一眼就能看出来，Nini当初并没有想要分手的意图，只是想将自己无法兼得鱼和熊掌的不满、生活带来的压力、追求者背弃导致的悲伤和无力反抗父母决定的悲愤全部发泄在男友身上罢了。她想借由假装分手来胁迫对方痛哭流涕，百般恳求，以便从"他是如此需要我"的情绪中获得慰藉，满足空虚寂寞的心灵。可以想象，当初Nini是怎么折磨、欺凌过他，他又是怎样低声下气地赔礼道歉。

恋爱时的分居两地，说得委婉点是工作需要，背后隐藏的却是生活所迫。赚钱的能力与对生活的期望值不符，这造成了两个人必须放弃一些相处的时光来获取更多的金钱。这种好高骛远的行为让两个人之间隔着巨大的时空的沟，而这条沟，凭什么要求男方单方面地付出，不断地挽回，不断地填补？这其实就是女人的骄纵和任性在作祟。但别忘了，出来混迟早是要还的，你的骄纵和任性，总会给你带来惩罚。

女人应该明白，从说出"分手"二字开始，就不应该再认为对方和自己有任何瓜葛了。他在确认和你分手之后的所作所为，和你也不再有任何关系。因为他不是你捏出来的面人，不可能被你招之即来挥之即去。

想要维护两人之间的感情是很困难的，但想要看到一个人最差的一面，却不需要花什么力气。其实Nini应该庆幸的是，她父母的恳请让她男友念了旧情，拾起满地破碎的自尊重新拜倒在她的石榴裙下。她也应该庆幸，她在男友心中的地位如此重要，甚至为了她辜负了另外一个女孩。但是她不应该因为他回来了，就忘记了自己当初是如何残忍地逼他走开的。

有些事，就算你不肯原谅又能怎么样呢？继续不相信他，怀疑他，最终伤害的只能是你们俩之间的感情。国外的婚姻专家说，要放下一段感情，所用的时间大概是这段感情持续时间的一半。对长达五年以上的感情而言，要完全从中解脱出来，最起码也得花掉两年半的时间。所以做决定之前要先想想自己多大了，是否还有能力全身而退。

我知道，上面这些话也许会又刺痛一些女孩的骄傲。但是，摸索一下你骄傲的源头，试着剿灭它吧。男人从来都不欠你幸福，你老公也并没有义务要和你永远在一起。当你从内心理解他并不是非你不可，你也许就能收拾起你那些小虚荣和小娇情，安安分分过日子。

有一句话说：不要为打翻的牛奶哭泣。我想，这句话也同样可以提醒到Nini。已经发生了的事情，你有什么办法改变呢？就算你的手臂上长了一个很大的毒疮，也许好了也会有大的疤，但总不能因为长了毒疮，就把手臂砍下来。虽然目前你也许很难受，但是砍下手臂将会给你的生活带来更大的不便。学着妥协吧。倘若不希望重蹈覆辙，就不要再试图一遍遍地回忆，而是学习真正地释怀和宽恕，这才是最重要的人生一课。

老公喜欢看美女，多半是你的责任

...

我要跟大家分享两个例子。

第一个是我的一个女性朋友，跟她老公恋爱六年，2015年三月刚结婚。他们感情很好，但有一个问题一直困扰着她，就是她老公特别喜欢看美女。刚恋爱的时候，在大街上遇到美女或是穿着暴露的女孩，他总盯着看，像魔怔了似的，走远了还要把头扭过去看。恋爱时她也没多加干涉，只是平时偶尔提醒他说看美女可以，但是不要死盯着看，这样既不尊重她，也不尊重其他女性！结婚后，她特别在意这个问题，说了他好多次，他在她面前也收敛了一点，但本性还是没改。

有一次她老公陪她到商场买鞋子，旁边坐着一个孕妇，长得有几分姿色，肤色很白，看着也挺性感的，她不用想都知道她老公会盯着那个孕妇看。于是她就跑去镜子跟前试鞋子，想吸引她老公的注意力，可是他帮她把鞋子拿过来之后，又跑到那个孕妇的对面，跟她离得八丈远，还不时盯着那个孕妇看！还有一次，路边有个摆地摊的农妇，夏天穿得很随便，大半个胸部都露出来了，她老公就一直偷看，离得很远了还扭着头看，她气得不行，拿着杂志就朝他扔了过去。如果去超市，她每次都祈祷别遇到青春可人的姑娘，因为她老公一定会变着法儿地看人家，让她很无语。

不只如此，他还经常搜集一些很暴露的美女图片存在U盘里，偷看黄色网站，还会私藏一些认识她之前买的三级片……因为这个，她没少跟老公吵，也曾说过要离婚，但就是不起作用。

第二个是我朋友的一个大学同学，男生。该同学号称A片之王。他不仅自己看，还在校园网设了个FTP[1]，叫"每日一毛"，即每天发布新的毛片，从此一炮而红，成为校园中的红人。照理说，毛片看到这种程度的，大多宅到不行。此同学也不例外。他不仅宅，而且至今根本没有碰过女人。照例来说，像这样虎狼年华的饥渴猥琐单身男青年，按照大家的想象，应该是留着哈喇子的人中淫魔。但事实是，这位A片之王外表斯斯文文，戴着一副眼镜，一脸青年学者气息。现在的女孩子都主动得很，可这位老兄颇得柳下惠真传，老僧入定，心似枯骨。问到何以至此，他总是淡然一笑："看多了，也就那么回事。"

[1]指文件传输协议。

　　已经有了伴侣的男人，应不应该再那么喜欢看美女，这是男女之间经常发生争执的话题。我个人不是很反对男人看美女，或者看点暴露图片，说白了，美女看多了，也就那么回事。你越是阻止，越是激发对方的逆反心理。你要是放开了让他看，他也许就没那么强烈的欲望了；等他看多了，自然也就淡了。

　　而且，男性四处追寻女性的身影，这是一种天性，是自然进化的结果。无论人类还是动物界，雌性是如此具有生殖价值，是需要雄性主动去追求才能得来的。男人体内分泌的雄性激素让他们天生就要去战斗，去拼搏，去主动寻觅女性。那些傻愣愣的不会主动出击的雄性，早就全数灭绝了。基因决定了男人爱看美女，除非变成太监，或者修炼到上面那种境界，否则很难真正做到心如止水。而且，喜欢看美女的男人不一定会出轨，就像是小狗一见到汽车就追着走，你以为它真的想上去开吗？

　　老公喜欢看美女，多半是你的责任。

　　既然生为女人，就不要跟男人的天性硬拼，而应遵从两性交往中女孩的游戏规则。当他的注意力不在你身上的时候，你需要做的不是吃醋和吵闹，而是设法把他的注意力吸引到你身上来。如果你做不到这一点，那对于他看其他女性的行为，你完全可以摆出无动于衷的样子，径直优雅地干自己的事即可。必要的时候还可以帮他解围，当女孩愤怒回瞪的时候，你甚至可以优雅大方地告诉被他盯着看的女孩："我老公最喜欢看美女，希望你别在意。"当他发现这一招失效的时候，他会收手的。

图书在版编目（CIP）数据

幸福爱 / 杨冰阳著. -- 长沙：湖南文艺出版社,2015.7
ISBN 978-7-5404-7207-8
Ⅰ.①幸… Ⅱ.①杨… Ⅲ.①情感–通俗读物 Ⅳ.①B842.6-49
中国版本图书馆CIP数据核字（2015）第115933号

上架建议：两性·情感

幸福爱

著　　者：杨冰阳（Ayawawa）
出 版 人：刘清华
责任编辑：薛　健　刘诗哲
总 策 划：洪　震
特约策划：蔡雯静
监　　制：蔡明菲　潘　良
选题策划：李　娜
特约编辑：田　宇
插　　画：阿　占
封面设计：
版式设计：李　洁
营销推广：王钰捷　李　群
出版发行：湖南文艺出版社
　　　　　（长沙市雨花区东二环一段 508 号　邮编：410014）
网　　址：www.hnwy.net
印　　刷：北京市雅迪彩色印刷有限公司
经　　销：新华书店
开　　本：700mm×1000mm　1/16
字　　数：209 千字
印　　张：16
版　　次：2015 年 7 月第 1 版
印　　次：2015 年 7 月第 1 次印刷
书　　号：ISBN 978-7-5404-7207-8
定　　价：39.80 元

质量监督电话：010-59096394
团购电话：010-59320018

幸 福 爱
从 新 手 到 高 手 的 爱 情 修 习 课